**질문이
답이다**

QUESTIONS ARE THE ANSWERS

질문이 답이다
성공하는 마케팅의 5가지 황금법칙

지은이	앨런 피즈
옮긴이	민관식
초판 1쇄	2012년 2월 13일
초판 22쇄	2024년 11월 27일
펴낸곳	이상북스
출판등록	제313-2009-7호(2009년 1월 13일)
주소	경기도 고양시 덕양구 향기로 30, 106-1004
전화	02-6082-2562
팩스	02-3144-2562
이메일	klaff@hanmail.net
ISBN	978-89-93690-10-1 03320

＊책값은 뒤표지에 표기되어 있습니다.
＊파본은 구입하신 서점에서 교환해 드립니다.

QUESTIONS ARE THE ANSWERS

질문이
답이다

앨런 피즈 지음 | **민관식** 옮김

이상biz

?! 이 책이 처음 출간됐을 때, 우리는 사람들이 네트워크 비즈니스를 성장시키는 데 이 책이 어떤 도움과 영향을 줄지 잘 실감하지 못했습니다.

그런데 이 책을 통해 자신들의 기대를 뛰어넘어 비즈니스 운영 방식에 혁명적인 도움을 받았다는 사람들로부터 수천 개의 메모, 편지, 이메일, 전화를 받고 우리는 깜짝 놀랐습니다. 세계에서 가장 큰 다이렉트 판매 회사들 중 몇 곳이 이 책과 우리의 오디오 프로그램 '전화로 약속 잡기How to Make Appointments by Telephone'에서 말하고 있는 기술을 도입하고 있습니다. 그렇게 해서 처음 6개월 만에 30퍼센트의 매출 신장을 이뤘다는 수많은 보고가 있습니다.

우리는 이 책이 당신의 비즈니스 역시 그렇게 성장시킬 것임을 알고 있습니다. 비즈니스를 성장시키고 목표를 달성하는 데 우리가 제안하는 기술을 사용해 이룩한 당신의 성공 스토리를 너무도 듣고 싶습니다.

앨런 피즈 · 바바라 피즈

석탄을 다이아몬드로 바꿀 수 있는 능력의 소유자,

바바라 피즈에게 이 책을 바칩니다.

제1장

첫발자국 내딛기

제2장 '예스'라는 대답 얻어내기

효과적인 프레젠테이션 하기

긍정적인 인상 주기

제**5**장

몸짓언어 이해하기

성공을 위한 약속

루크와 미아

루크는 사업을 통해 경제적으로 성공하려는 의지가 강한 건축가이고, 그의 아내 미아는 능력 있는 회계사다. 어느 날 이웃에 사는 마틴이 두 사람을 사업설명회에 초대했다. 루크와 미아는 사업설명회에 대한 구체적인 이야기를 듣지 않은 상태에서, 사업설명회 장소가 집과 가깝고 평소 마틴에게 호감을 느끼고 있었다는 이유만으로 거기에 참석하기로 했다. 게다가 새로운 이웃들을 만나볼 수 있다는 기대감도 있었다.

사업설명회가 진행되는 동안 루크와 미아는 자신들이 보고 듣는 것에 놀라움을 금치 못했다. 네트워크 사업계획에 대해 들으며 그들은 이것이야말로 재정적 자유와 상상을 초월하는 성공을 얻을 수 있는 기회라고 생각했다. 부부는 며칠 동안 계속해서 이 사업에 대해 이야기했다. 그리고 "누구든 이 사업설명을 듣는다면 분명 참여하고 싶어할 거야"라는 생각에 이 사업을 시작하기로 결심했다.

그러나 생각했던 것만큼 모든 일이 순조롭게 진행되지는 않았다. 모든 사람들이 자신들과 같은 열정을 느끼는 것 같지 않았음은 물론이고, 어떤 사람들은 사업설명을 들어보라며

초대한 미팅에도 참석하지 않았다. 또 그들의 가장 가까운 친구들은 만날 약속조차 해주지 않았다. 그럼에도 불구하고 루크와 미아는 서서히 탄탄한 사업 기반을 잡아나갔다. 물론 그들이 원했던 만큼 빠르게 이루어지지는 않았다.

그러던 어느 날 루크가 미아에게 말했다.

"한 번 상상해봐. 우리가 사람들을 설득하려고 애쓰는 대신 사람들이 스스로 왜 네트워크 마케팅을 시작해야 하는지 말하도록 할 수 있다면 얼마나 좋을까? 그런 방법만 있다면 말이야."

그런 방법이 있다! 바로 이 책이 그 방법을 알려줄 것이다.

대부분의 사람들이 네트워크 마케팅을 시작하며 가장 두려워하는 것은 최상위 단계에 오르기 위해서는 탁월한 영업 능력이 필요할 것이라는 생각이다. 이 책은 비교적 쉬운 방법으로 새로운 사람들을 모집할 수 있도록 도와주는 간단한 시스템을 담고 있다. 술수가 아니라 실천만 한다면 반드시 성공하는 기술과 원칙들이다.

이 책을 쓴 이유

1980년, 처음 네트워크 마케팅을 알게 되었을 때 나는 이렇게 간단하고, 합법적이며, 도덕적이고, 재미있으면서도 수익성 있는 엄청난 기회가 있다는 사실에 놀랐다. 그것은 단지 '일확천금으로 부자가 되기 위한 단기 책략'이 아닌 '진정한 부자가 되는 시스템'이었다.

지난 10년 동안 나는 기업의 자본을 늘리고 사람들을 백만장자로 만들어주는 의사소통 방법과 영업 전략을 연구·개발했다. 그러면서 생각했다. "와! 이렇게 성공적인 방법들을 네트워크 마케팅 사업에 도입할 수 있다면 엄청난 결과가 나올 거야."

이 책은 그런 방법들을 수년간 네트워크 마케팅에 도입해 사용하며 몇 차례의 수정과 시험을 거쳐 얻은 결과물이다. 따라서 여기에서 소개하는 간단하고도 쉬운 방법들을 통해 당신은 성공을 향해 가는 길에 박차를 가할 수 있을 것이다. 바로 지금 당신과 같은 수천 명의 사람들이 그러하듯 말이다.

그리고 한 가지 더 매력적인 사실은 당신이 기존에 이미 배웠던 방법들을 바꿀 필요가 없다는 것이다. 약 두 시간 정도

공부하고 집중적으로 연습하면, 당신의 사업을 놀랄 만한 단계까지 성장시켜 나갈 수 있을 것이다.

약속

이 책에서 소개하는 방법들을 배우기 위해 먼저 해야 할 약속이 있다.

> 당신이 이 책에 나오는 방법들을 머릿속에 새기고 처음 14일 동안 한 글자도 틀림없이 기억하겠다는 약속을 지킨다면, 분명 당신이 기대하는 것 이상의 결과를 얻게 될 것이다.

참으로 멋진 약속 아닌가? 물론 이것은 쌍방향의 계약이다. 나는 당신이 잠을 자면서도 이 내용을 말할 수 있을 때까지 끊임없이 반복 훈련을 하기 바란다. '만약'이나 '하지만' 혹은 '아마도'와 같은 말은 용납되지 않는다. 오직 배우겠다는 확고한 노력만이 필요할 뿐이다. 그렇게 해야 이 책에 나온 방법들이 영원히 당신의 것이 될 수 있다.

실제로 그동안 내가 고문이나 컨설턴트 혹은 동업자로 일해온 수많은 사람들과 사업체들은 이 책에서 소개한 방법들을 통해 수억 달러를 벌어들이고, 수천 명의 새로운 회원을 모집해 수입을 20퍼센트, 50퍼센트, 100퍼센트, 500퍼센트, 심지어 1000퍼센트까지 증대시켰다. 이 수치들은 과장된 것이 아니다. 당신이 이 책을 통해 배운 것은 당신의 삶을 극적으로 변화시킬 수 있다. 물론 여기엔 반드시 그 방법들, 그 시스템을 따르겠다는 당신의 동의가 필요하다. 동의한다면 '예스'라고 큰 소리로 말하라. 바로 지금!

만약 큰 소리로 '예스'라고 말하지 않았다면, 처음으로 돌아가 다시 읽어보기 바란다.

당신만의 동력 발전기

고객과 약속을 잡는 방법이나 사업계획에 대해 프레젠테이션하는 방법에 대해서는 이미 훌륭한 책과 테이프가 수없이 많기 때문에, 이 책에서 따로 그 주제를 깊이 다루지는 않을 것이다. 이 책에서는 사람들과 직접 대면하는 사업설명회에서 훌륭한 가망고객으로부터 '예스'라는 대답을 얻어내기 위해 당신이 정확히 무엇을 해야 하고, 어떤 말을 어떻게 해야할지 알려줄 것이다.

이 책에서 제시하는 여러 방법들과 정보는 당신이 이미 알고 있는 것을 바꾸지 않은 상태에서 당신의 프레젠테이션 기술을 발전시키려는 데 목적이 있다. 따라서 이 책의 주요 강조점은 제2장의 **열쇠 2. '뜨거운 단추 찾기'**에 있다.

이미 알고 있는 방법들을 바꿀 필요가 전혀 없다. 그것들을 동력화할 필요가 있을 뿐이다.

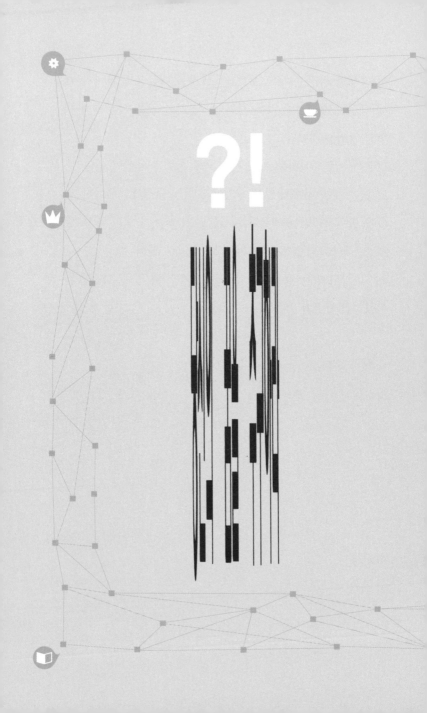

제 1 장

첫발자국
내딛기

인생의 모든 일이 그렇듯, 앞 페이지의 그림을 보고 한눈에 그 의미를 파악하는 사람은 거의 없다. 훈련되지 않은 사람의 눈에 그 그림은 그저 무의미하게 그려진 일련의 선들에 불과하다. 하지만 선들 사이의 여백을 읽는 법을 알고 나면, 해답을 얻기 위해 관점만 조금 바꾸면 된다는 사실을 깨닫게 될 것이다. 그리고 바로 이것이 이 책을 통해 당신이 배울 내용이다.(책의 아랫부분을 들고 한쪽 눈을 감은 뒤 그림을 밑에서 위로 보라.)

성공을 위한
황금법칙

열한 살이란 어린 나이에 나는 스카우트 대원들이 사용할 강당을 설립할 기금을 모으기 위해 가정용 스펀지를 팔라는 임무를 받았다. 그때 지혜로운 스카우트 대장이 내게 비밀 하나를 알려주었다.

나는 그것을 '결과의 법칙'이라고 부른다. 지금까지 나는 이 법칙을 따르며 살았고, 누구든 이 법칙을 활용하면 결국엔 반드시 성공하리라고 확신한다. 내가 이 법칙을 전해 받았던 것처럼 당신에게도 전하려고 한다.

"성공은 게임이다. 더 많은 게임을 할수록 이기는 횟수 또한 많아진다. 또 이기는 횟수가 많아질수록 앞으로 더 성공적인 게임을 할 수 있다."

이 법칙을 네트워크 마케팅에 적용해 보자.

"더 많은 사람들에게 사업 참여를 권유하면 더 많은 사람들이 동참할 것이다. 더 많이 사업 참여를 권유할수록 당신의 권유 기술 또한 더욱 능숙해질 것이다." 그러므로 보다 많은 사람들에게 사업 참여를 권유할 필요가 있다는 말이다.

법칙 1
더 많은 사람을 만나라

이것은 가장 중요한 법칙이다. 누구든 당신의 말을 들을 정도의 시간만큼 한자리에 서 있기만 한다면 일단 말을 건네보자. 다만 미사여구나 과장된 사실로 가망고객을 속이려는 술책가가 되어서는 안 된다.

또 자신의 가망고객 목록을 살펴보면서 "너무 나이가 많아…… 너무 어려…… 너무 부자야…… 너무 가난해…… 너무 멀리 살아…… 너무 똑똑해……" 등의 말을 하고 있다면, 당신은 실패로 가는 길로 추락하고 있는 것이다.

사업 기반을 잡는 초기 단계에서는 모든 사람들과 이야기해야 한다. 그러면서 훈련을 해야 하기 때문이다. 사업에 대해 모든 사람들에게 이야기하면, 평균의 법칙에 따라 당신은 성공할 것이다. 문제는 얼마나 성공적이냐는 것뿐이다. 활동을 늘리면 사업상 풀리지 않는 문제는 거의 없다.

현재 상황에 의기소침해 있다면, 프레젠테이션 횟수를 두 배로 늘려보자. 만약 사업이 원하는 만큼 빠르게 진척되지 않는다면, 활동량을 늘려보자. 활동량을 증가시키는 것은 앞으로 당신이 겪게 될 그 모든 고민에 대한 만병통치약이다.

모든 사람들과 이야기하라. 이것이 첫 번째 법칙이다.

법칙 2
더 많은 사람을 만나라

계속해서 전화하라.

　당신은 프레젠테이션을 아주 능숙하게 잘하는 사람일 수 있지만, 만약 가망고객을 많이 만나지 않는다면 더 이상 사업을 잘 해낼 수 없다.

　멋진 스타일에 성격도 매력적일 수 있겠다. 그러나 프레젠테이션 실력을 제대로 갖추지 않으면 언제나 평균에 머무를 수밖에 없다.

　모든 사람들과 이야기하라. 말을 걸라.

법칙 3
더 많은 사람을 만나라

많은 네트워크 사업가들이 갈팡질팡하면서 자신의 잠재능력을 발휘하지 못한다. 기존의 사업 범위 내에서만 움직일 뿐 가망고객들에게 손을 뻗지 않는다. 이유는 그 가망고객들이 진짜 고객이 되리라는 확신이 없기 때문이다. 사실은 가망고객을 보는 눈이 없는 것인데 말이다.

반복적으로 당신의 이야기를 사람들에게 말하라.

이 3가지 법칙을 지킬 수만 있다면, 당신은 엄청난 성공을 거둘 것이다.

법칙 4
평균의 법칙을 활용하라

평균의 법칙은 인생의 모든 분야에서 성공 여부를 결정한다. 이 말은 만약 당신이 같은 일을 동일한 방식으로 동일한 조건 하에서 계속 반복한다면, 항상 일정하게 유지되는 일련의 결과를 얻게 된다는 것을 의미한다.

예를 들어, 1달러짜리 포커 게임기의 평균승률은 약 10:1이다. 따라서 단추를 열 번 누를 때마다 60센트에서 20달러 사이의 돈을 따게 될 것이다. 20달러에서 100달러를 딸 확률은 118:1이다. 여기엔 정말 아무런 기술도 필요치 않다. 기계들은 평균값이나 백분율에 따라 결과를 내도록 프로그램되어 있다.

보험 영업을 하면서 나는 1:56이란 평균치를 발견했다. 거리에 나가 사람들에게 "생명보험 하나 들고 싶지 않으세요?"라는 질문을 던졌을 때 56명 중 한 명은 '예스'라고 대답한다는 말이다. 그러므로 만약 이런 질문을 하루에 168번 한다면세 건의 판매 실적을 올릴 것이고, 전체 영업사원 중 상위 5퍼센트에 들 수 있다!

길거리에 서서 지나가는 모든 사람들에게 "네트워크 마케팅사업에 동참하시겠어요?"라고 묻는다면, 평균의 법칙에 따라그 결과가 나타날 것이다. 아마도 100명 중 한 명은 '예스'라고 대답할 것이다. 평균의 법칙은 언제나 유효하다.

어린 시절 가정용 스펀지를 집집마다 팔러 다닐 때, 내 평균율은 아래와 같았다.

$$10 : 7 : 4 : 2$$

오후 4시에서 6시 사이에 집을 두드리고 다니면, 열 집 중일곱 집은 문을 열어주었다. 그중 네 명이 내가 하는 설명을들어주었고, 두 명은 스펀지를 구입했다.

그래서 난 40센트를 벌 수 있었는데, 그것은 1962년 당시 매우 큰 돈이었고, 특히나 열한 살 소년에겐 더욱 그랬다. 나는 한 시간에 30집은 거뜬히 방문할 수 있었기 때문에, 두 시간 동안 열두 개를 팔아 2달러 40센트를 벌었다. 평균의 법칙이 어떻게 작용하는지 잘 알고 있었으므로 절대 문을 열어주지 않는 세 집이나 내 설명을 들어주지 않는 세 명의 사람들, 물건을 구입하지 않는 두 명에 대해선 전혀 신경 쓰지 않았다. 내가 아는 건 오로지 열 집의 문을 두드리면 40센트를 번다는 사실 하나뿐이었다. 이것은 내 손이 문에 닿을 때마다 그뒤 일어날 상황과 상관없이 무조건 4센트를 번다는 의미였다.

　이것은 내게 강력한 동기가 되었다. 열 개의 문을 두드릴 때마다 40센트를 벌다니! 성공 여부는 얼마나 빨리 그 문들을 두드릴 수 있느냐에 달려 있었다.

당신의 비율을
기록하라

내 경우에는 판매 활동에 대한 평균율과 통계치를 기록하는
것이 강력한 동기로 작용했다. 그러니까 기록을 시작한 후 얼
마 지나지 않아 나는 사람들이 문을 열어주지 않거나, 설명을
들어주지 않거나, 물건을 사지 않아도 상관하지 않게 되었다.
많은 수의 문을 두드려 설명할 기회를 얻기만 하면 성공하는
것임을 알았기 때문이다. 따라서 나는 편안한 마음으로 신나
게 문을 두드릴 수 있었다.

> 평균율과 통계치를 기록하면
> 긍정적인 마음으로 계획을 진행해 나갈 수 있다.

　게다가 이 방법은 지속적으로 동기를 부여하고 거절에 대처하는 법을 알게 해주었다. 그러므로 당신의 평균율에만 집중하면, 그외 것들은 큰 문제가 되지 않는다. 아니, 가능하면 재빨리 다음 집을 방문하도록 부추긴다.

　만일 평균의 법칙을 이해하지 못한다면, 당신은 당신이 행동한 이후의 상황에 따라 움직이게 될 것이다. 어떤 사람에게 '싫어요'라는 대답을 들으면 곧바로 의기소침해지는 것이다. 그러나 평균의 법칙을 이해하고 받아들이면, 그런 것은 전혀 문제가 되지 않는다.

　전화 연락을 하고, 프레젠테이션을 하며, 새로운 회원을 확보하고, 통계치를 유지함으로써 당신만의 평균율을 빠른 속도로 향상시킬 수 있다.

나만의 9달러짜리
포커 게임기

10대 시절, 나는 저녁마다 주로 소개를 통해 냄비나 프라이
팬, 침대시트나 담요를 판매했다. 당시 내 평균율은 다음과
같았다.

5 : 3 : 2 : 1

다섯 명의 가망고객에게 전화할 때마다 세 명과 약속을 잡
을 수 있었다. 그러나 프레젠테이션은 두 명에게만 할 수 있
었다. 다른 한 명은 약속 장소에 나오지 않거나, 약속을 취소

하거나, 내 설명을 듣지 않거나, 내가 어찌할 수 없는 반대 의견을 제시했기 때문이다.

그러나 내 설명을 들어준 두 명 중 한 명은 물건을 샀고, 나는 45달러를 벌었다. 따라서 다섯 명에게 전화를 걸 때마다 45달러의 판매 수익이 발생하는 것이었고, 이것은 전화 한 통에 9달러를 버는 것과 같았다.

또 이것은 전화를 통해 '예스'라는 대답을 얻을 때마다 상대방이 물건을 사지 않거나 약속 장소에 나오지 않거나 상관없이 무조건 15달러를 버는 것을 의미했다. 상대방이 내게 무슨 말을 하건 상관이 없는 것이다. 정말 환상적인 일이었다.

나는 종이에 '9달러'라고 크게 써서 전화기 옆에 걸어두었다. 전화를 받는 사람 한 명당 나는 9달러를 벌었고, 만나자는 나의 요청에 '예스'라는 대답을 들을 때마다 15달러를 벌었다.

이것은 나의 운명이 온전히 나의 통제 아래 있다는 의미였다. 그러나 많은 세일즈맨들이 '싫어요'라는 가망고객의 말에 금방 침울해졌고, 나는 얼마 지나지 않아 회사에서 전국 1위의 판매왕이 되었다. 나의 5:3:2:1 법칙은 다음과 같이 표시할 수 있다.

- 전화 통화 : 9달러

- 약속 잡기 : 15달러

- 프레젠테이션 : 22.5달러

- 판매 : 45달러

　나는 누가 내 물건을 살 수 있는 사람인지 애써 찾지 않았다. 내 주요 목표는 가망고객에게 전화를 하는 것이었다.

　이것이 핵심이다. 새로운 판매자distributors를 찾으러 다니지 말고 당신의 프레젠테이션을 들어줄 가망고객prospects을 찾아라. 평균의 법칙이 당신을 따라다닐 것이다.

대성공을
거두다

스무 살이 되던 해에 나는 생명보험 영업을 시작했다. 일을 시작한 지 불과 1년 만인 스물한 살에는 연간 100만 달러 이상의 보험을 판매한 최연소 사원이 되었고, 밀리언달러테이블 클럽(MDRT: Million Dollar Round Table)의 회원 자격도 얻었다. 당시 내 평균율은 다음과 같았다.

$$10 : 5 : 4 : 3 : 1$$

열 명의 가망고객이 전화를 받을 때마다 다섯 명은 약속을 잡는 데 동의했고, 한 사람은 약속을 지키지 않았다. 따라서 나는 네 명만 만날 수 있었고, 네 명 중 세 명에게만 프레젠테이션을 하게 되었으며, 그중 한 명이 계약을 하고, 나는 300달러를 벌었다.

나는 사람들과 전화 통화를 해서 다섯 명의 사람에게 '예스'라는 대답을 받아내는 데 집중했다. 약속 장소에 나오지 않은 사람이나, 프레젠테이션을 들으려 하지 않는 사람이나, 계약을 하지 않는 두 명에 대해서는 전혀 신경 쓰지 않았다. 그것은 계약자를 찾는 과정에 필요한 일부분일 뿐이었다.

사실 만나기로 한 사람이 나오지 않아도 크게 개의치 않았다. 한 사람은 약속을 지키지 않을 거라는 내 계획 안에 포함되어 있는 일이었기 때문이다. 그런 상황이 발생해도 나는 60달러를 버는 것이다.

(당신은 숫자 비즈니스를 하고 있다.)

열 명의 사람이 전화를 받으면 다섯 명과 만날 약속을 할 수 있고, 나는 최종적으로 300달러의 수수료를 벌게 된다. 그것은 가망고객이 전화를 받을 때마다 30달러씩 버는 것과 같았다. 내 평균율 10:5:4:3:1은 다음과 같이 표시할 수 있다.

- 전화 통화 : 30달러
- 약속 잡기 : 60달러
- 프레젠테이션 : 75달러
- 마무리 : 100달러
- 판매 : 300달러

그래서 스물한 살에 나는 내 소유의 집이 있었고, 최신형 메르세데스 벤츠를 몰고 다니며 안락한 생활을 누릴 수 있었다. 그런 성공은 단지 얼마나 자주 전화상으로 다섯 명의 가망고객으로부터 만나자고 하는 약속에 대해 '예스'라는 대답을 얻을 수 있느냐의 문제였다.

법칙 5
평균율을 향상시켜라

보험 영업을 하면서 나는 매번 전화를 걸어 누군가와 통화할 때마다 30달러를 번다는 사실을 알고 있었다. 그러나 열 번의 통화에서 다섯 건의 약속을 얻어내는 평균치가 그리 만족스럽지 않았다. 그것은 내가 너무 많은 가망고객들을 놓치고 있다는 의미였기 때문이다.

열 번의 통화에서 최소한 여덟 건의 약속을 얻어낼 수 있는 시스템이 필요했다. 그러면 전화상으로 가망고객을 빠르게 소진시켜버리지 않기 때문에 예전만큼 힘들게 가망고객을 찾지 않아도 되었다.

약속 대비 프레젠테이션 비율이 5:4라는 의미는 가망고객의 20퍼센트가 약속 장소에 나오지 않았다는 것이다. 만약 더 우수한 자격을 갖춘 가망고객에게 전화를 건다면 이 격차를 좁힐 수 있었을 것이다. 또 프레젠테이션 대비 마무리 평균율 3:1도 향상시킬 수 있었다. 그러나 상황을 변화시키지 않는다 해도 나는 여전히 한 통화당 30달러를 번다는 사실을 알고 있었다.

(평균의 법칙은 항상 당신 편에 있다.)

비율을 적어보면, 명확한 판단을 할 수 있고, 어느 부분을 더 향상시켜야 할지 알 수 있으며, 스스로의 성공 가능성 또한 내다볼 수 있다. 또한 다음에 일어날 일에 신경 쓰기보다는 결과를 낼 수 있는 활동에 집중할 수 있다.

네트워크 마케팅
사업의 평균율

1970년대부터 나는 네트워크 마케팅 사업자들을 훈련시켰으며, 많은 개인과 조직들이 최고 수준의 성공에 이르는 결과를 창출해냈다. 네트워크 마케팅의 일반적인 평균율은 다음과 같다.

$$10 : 6 : 3 : 1$$

당신의 프레젠테이션을 들어줄 열 명의 가망고객 중 여섯 명이 열정적인 반응을 보이며 사업을 시작하겠다고 말한다.

이중 절반이 실제로 사업을 시작하며, 그 세 명 중 한 명이 성공한다. 한 명은 소리도 없이 사라지며, 한 명은 계속해서 상품만 구입한다. 따라서 상품 설명을 열 번 할 때마다 한 명의 생산적이고 장기적인 판매자를 얻게 된다. 이제 중대한 질문이 떠오른다.

(열 명의 사람들에게 당신의 사업에 대해
이야기하려면 어느 정도의 시간이 걸릴까?)

이 질문에 대한 당신의 답이 당신의 성장률을 결정할 것이다. 보험 영업에서는 모든 사람들이 100만 달러어치 보험 상품을 판매할 수 있다. 다만 어떤 사람은 다른 사람보다 좀 더 오래 걸릴 뿐이다. 어떤 이가 3~5년에 걸쳐 판 것을 다른 사람은 1년 내에 판다. 그리고 바로 거기에 포상과 상금이 걸려 있다. 나는 매우 조직적으로 사람들을 만났고, 12주마다 100만 달러의 보험 상품을 팔 수 있었다!

그러므로 문제는 계획이지 판매가 아니다! 네트워크 마케팅 역시 이와 똑같다. 너무도 많은 네트워크 마케팅 사업자들이 상위의 성공 단계에 오르지 못하는 이유는 그들이 설득하지 못한 가망고객 때문이 아니다. 그들이 만나지 않은 가망고 객 때문이다!

지금 당장 당신의 결과를 두 배로 향상시키고 싶은가? 여기 에 답이 있다.

(내년도의 가망고객을 올해 만나라.)

내년에도 새로운 가망고객에게 전화를 걸어 사업에 대해 이 야기할 것이라면, 좀 더 일찍 전화해 보라!

올해에 그들을 만나라. 그것도 바로 지금 만나라!

당신의 문제는 판매에 있지 않다. 핵심은 고도로 조직화해 의욕적으로 최대한 많은 사람들을 만나는 데 있다. 최대한 빨 리 모든 사람들을 만나라.

네트워크 마케팅에서 성공하는 관건은 사람들을 설득하는 데 있지 않다. 최대한 많은 사람들을 최대한 빠른 시일 내에 만날 수 있는 계획을 짜서 철저히 실천하는 데 있다. 그것이 핵심이다. 그 과정에서 당신의 평균율은 자연스럽게 상승할 것이다.

제2장

'예스'라는
대답 얻어내기

고객의 말은
언제나 옳다

당신의 사업설명을 듣는 가망고객들은 과연 당신의 말을 그
대로 믿을까?

한 마디로 말하자면, '아니오'다. 그들은 당신이 그들의 약
속을 받아내기 위해 애쓰고 있다고 생각한다. 당신이 무언가
를 팔 것이라고 생각하고 있기 때문에 당신과의 친분과 상관
없이 방어적이 되기 쉽다. 이것이 문제다.

(가망고객들은 당신이 무슨 말을 하든
반대 의견을 제시할 것이다.)

당신의 말에 타당성이 없기 때문이 아니라, 그 말을 바로 당신이 했기 때문이다. 당신이 말한 것은 당신의 생각이다. 그들의 생각이 아니다. 따라서 그들은 당신의 말에 이의를 제기하는 것이 당연하다고 생각한다. 그렇다면 이런 식으로 바꾸어 생각해 보자.

(가망고객이 당신에게 하는 말은 모두 옳다.)

가망고객들은 그들이 말한 것은 그들의 생각이지 당신의 생각이 아니라고 생각한다. 그래서 딱히 이의를 제기해야 할 필요성을 느끼지 못한다.

그러므로 당신은 가망고객의 말을 들으면서 그들이 원하는 것을 스스로 말할 수 있게 유도하는 것이 중요하다.

가망고객에게 "당신이 원하는 모든 걸 얻을 수 있는 삶을 살 수 있습니다"라고 말한다면, 가망고객은 "나는 지금의 내 삶에 만족하는데요"라고 답할 수 있다. 정말로 자신의 삶에 만족하고 있어서라기보다는 단순히 당신의 말에 반대의견을 제시하는 것이다.

그러나 가망고객이 당신의 그 말을 스스로 하게 된다면, 그것은 사실이 된다. 예를 들어, 가망고객이 "나는 더 나은 삶을 살고 싶고 더 좋은 것들을 얻고 싶습니다"라고 말한다면, 그것은 고객 자신이 한 말이기 때문에 거기에 대해 아무 반대 의견이 있을 수 없다. 바로 자신이 말했기 때문이다. 가망고객의 생각이지 당신의 생각이 아니기 때문이다.

> 4가지 핵심 기술을 사용하면, 가망고객은 자신이 정말로 원하는 것을 당신에게 말할 것이고, 당신은 그 말을 듣게 될 것이다.

왜 사람들은 반대하는가

한번은 어떤 네트워크 사업가에게 최근 가망고객과 가진 프레젠테이션이 어땠는지 물어보았다. 내 질문에 그는 "별로였어요. 별 관심을 보이지 않더라고요"라고 대답했다. 나는 그게 무슨 뜻이냐고 다시 물었다. 그는 했던 말을 반복했다. "정말 모르겠어요. 그냥 관심이 없었어요."

흥미가 없는 가망고객은 하나도 없다,
나만 흥미 없는 프레젠테이션이 있을 뿐이다.

그의 말의 진정한 의미는 프레젠테이션이 그다지 흥미롭지 못했다는 것이다. 그러므로 당신이 흥미를 갖고 프레젠테이션에 임한다면, 프레젠테이션은 흥미로워질 테고, 가망고객 또한 흥미를 가질 것이다.

아래 4가지 열쇠 그림은 가망고객의 처음 차가운 상태에서 시작해 최대한 짧은 시간 안에 '예스'라는 대답을 이끌어내는 과정을 표현한 것이다. 다음 장에서 한 가지씩 살펴보려고 한다.

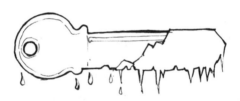

열쇠 1. 얼음 녹이기: 분위기를 조성한다

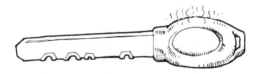

열쇠 2. 뜨거운 단추 찾기: 관심사를 찾아낸다

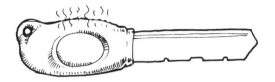

열쇠 3. 뜨거운 단추 누르기: 계획을 보여준다

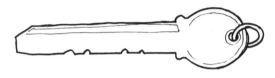

열쇠 4. 결단 얻어내기

열쇠 1
얼음 녹이기:
분위기를 조성한다

첫 번째 단계의 목적은 가망고객에게 당신의 이야기를 들려줌으로써 서로를 알아가는 과정을 만들고, 이를 통해 친밀감을 형성하는 것이다.

첫 번째 열쇠의 주제는 순수하게 당신 자신을 알리는 일이다. 이 과정에서 상대가 당신을 좋아하게 되면, 당신이 이야기하는 것에도 관심을 보일 확률이 높다. 가망고객이 당신을 좋아하지도 신뢰하지도 않는 상태에서 사업계획을 보여주는 건 별 의미가 없다.

그렇다면 이 단계에 어느 정도의 시간을 투자해야 할까?

(당신 자신을 알리고 신뢰를 구축할 때까지 계속하라.)

 신뢰를 구축하게 되면 당신은 가망고객으로부터 많은 것을 듣게 될 것이다. 바로 이것이 당신에게 필요한 전부다.

 어떤 가망고객은 이 단계가 3~4분 정도밖에 걸리지 않을 수 있지만 30~40분 넘게 걸리는 사람들도 있다는 사실을 기억해야 한다.

열쇠 2
뜨거운 단추 찾기:
관심사를 찾아낸다

이번 단계에서 어떤 일이 일어나는지 완벽하게 알고 있어야 한다. 가망고객은 감정적으로 혼란스러워할 수도 있고, 흥분하거나, 우울해하거나, 걱정하거나, 심지어 화를 낼 수도 있다. 물론 당신에게 화를 내는 것이 아니라 그들 자신에게 화를 내는 것이다.

이번 프레젠테이션 단계에서는 안일함이 절대 용납되지 않는다! 사람들이 자신의 목적이나 야망에 대해 안일한 감정을 느끼면, 일하는 습관 또한 안일하게 된다. 네트워크 사업에는 안일한 사람이 필요하지 않다.

사업에 참여하려는 강한 욕구를 느끼는 사람은 그것을 실현하려는 욕구 또한 강력하다. 그러므로 이 단계에서 당신은 사람들의 최우선 동기 요인Primary Motivating Factor, PMF을 발견해야 한다. 가망고객의 PMF는 당신의 사업에 참여하고 싶은 이유가 된다.

> 모든 사람들의 동기는 다음 두 가지 중 하나다.
> 돈을 벌기 위해, 또는 고통을 피하기 위해.

이 열쇠를 통해 당신은 가망고객의 최우선 동기 요인을 찾고, 그들 마음에 불꽃을 일으키는 법을 알게 될 것이다. 이 시점에서 가망고객은 자신이 어느 정도의 수입을 원하는지, 어떤 고통을 피하고 싶어하는지 당신에게 이야기할 것이다.

4가지 열쇠 중 이 두 번째 열쇠가 가장 중요한 이유는 가망고객이 자신의 희망과 꿈, 두려움을 말로 표현하기 때문이다. 이어지는 장에서 구체적인 사례를 들어 보다 상세히 설명하겠다.

사람들이 사업에 참여하는 이유

연구 결과에 따르면, 사람들이 네트워크 마케팅을 시작하는 최우선 동기 요인은 대부분 다음과 같다.

- **추가 수입**
- **재정적 자유**
- **자신만의 사업**
- **더 많은 여유 시간**
- **개인적 성장**
- **다른 사람들 돕기**

- 새로운 사람들 만나기

- 은퇴

- 유산 남기기

　이 목록을 살펴보면, 이 중 하나가 당신이 네트워크 마케팅 사업을 하게 된 최우선 요인이라는 사실을 알게 될 것이다. 다른 두 번째 요인 또한 있을 수 있지만, 언제나 한 가지 요인이 다른 요인들보다 우선하기 마련이다. 바로 그것이 당신의 최우선 동기다.

　최우선 동기 요인이 절대적인 중요성을 지니므로 다음 사실을 이해할 필요가 있다.

> 네트워크 마케팅에 참여하려는 모든 사람들의
> 최우선 동기가 당신의 최우선 동기와 일치하지는 않는다.

　예를 들어, 당신이 초콜릿 아이스크림을 좋아한다고 하자. 그러나 모든 사람들이 초콜릿 아이스크림을 좋아하는 것은 아니다. 어떤 사람은 딸기 아이스크림 혹은 캐리멜 아이스크림을 더 좋아한다. 하지만 당신이 초콜릿 아이스크림을 좋아한다면 초콜릿 아이스크림에 대해 이야기하기는 것이 더 쉽게 느껴질 뿐 아니라 다른 사람들과 그런 생각을 공유하고 싶을 것이다. 그리고 왜 다른 사람들은 초콜릿 아이스크림을 좋아하지 않는지 이해하기 힘들 수도 있다.

대부분의 사람들은 초콜릿 아이스크림을 좋아하지만 모든 사람들에게 그 맛이 최고일 수는 없다. 심지어 어떤 이들은 초콜릿 아이스크림을 싫어할 수도 있다.

다음에 이어지는 이야기는 최우선 동기 요인의 힘을 잘 보여준다.

왜 론은
참여하지 않았을까

알버트는 네트워크 마케팅 판매자다. 그가 네트워크 마케팅에 참여한 이유는 재정적 자유를 원했기 때문이다. 자신이 사장이 되어 스스로 소득을 창출하고 싶었다. 출퇴근이 자유로우면서, 아이들을 최고의 학교에 보내고, 휴일을 집에서 보내고 싶은 욕구 등 여러 요인들이 있었지만, **재정적인 자유**가 최우선 동기 요인인 이유는 그것이 그 모든 일을 가능하게 해주는 요인이었기 때문이다.

알버트는 자신의 목적에 감정이 수반되었기 때문에 지치지 않는 열정으로 사업에 대해 이야기할 수 있었다.

지방의 한 자금 모금 행사장에서 알버트는 잠재 회원이 될 만한 론이란 사람을 만나 자신의 사업설명을 해주겠다며 그를 초대했다. 그리고 언제나 그랬듯 대단한 열정을 가지고 사업에 대해 설명했다. 거기에 깊은 인상을 받은 론은 자기도 참여하겠다고 말했다.

그러나 결국 알버트는 론을 다시 만나지 못했다. 알버트는 그 알 수 없는 상황으로 인해 혼란에 빠졌다. 왜 론은 사업을 시작하지 않았을까?

문제는 론의 최우선 동기 요인이 재정적 자유가 아니었다는 점이다. 론은 부자가 되어 큰 집에서 살고, 멋진 차를 몰고 싶다는 야망이 없었다. 그는 어머니로부터 물려받은 소박한 집에서도 행복했다. 차가 막히는 길에서 꼼짝 못하기보다는 전철을 타고 신문을 읽는 것을 더 좋아했다. 론은 재정적 자유도 좋다고 생각했지만, 그것이 참여를 결정할 만큼 충분한 동기가 되지는 못했다.

론이 진정으로 원한 것은 새로운 사람들을 만나고, 새로운 기술을 배우고, 공동체에 기여하는 일이었다. 바로 그런 이유로 론은 자금 모금 행사에 참여했던 것이다. 하지만 그러한 동기에 대해 말할 수 있는 기회가 없었다. 알버트가 **재정적 자**

유 하나만을 파고들며 이야기하느라 바빴기 때문이다.

론이 알버트의 열정적인 프레젠테이션에 휘말려든 것은 분명하지만, 다음날 해가 뜨자 그 열기는 식어버렸다. 그리고 며칠 내에 론은 알버트의 굉장히 열정적이었던 프레젠테이션에 대해 완전히 잊었다. 론의 최우선 동기 요인인 **다른 사람에 대한 봉사**에 대해 알버트가 알아내지 못했기 때문이다.

잔의
판단 오류

잔은 두 아이를 키우는 서른네 살의 싱글맘으로서 네트워크 마케팅을 시작한 지 2년이 되었다. 잔은 어느 저녁 모임에서 데이빗을 만났다. 데이빗은 그녀의 네트워크 마케팅에 관심이 있는 듯 사업에 대해 더 이야기해 달라고 했다. 잔의 최우선 동기 요인은 두 자녀를 키우고 가르칠 수 있는 시간을 충분히 갖는 것이었지만, 그것이 다른 모든 사람들의 최우선 동기가 될 수 없다는 점 정도는 잘 알고 있었다.

　데이빗은 50대였고 독자적으로 청소 용역 일을 하고 있었다. 잔은 은퇴 준비가 데이빗의 동기 목록 1순위라고 추정했다. 그래서 사업에 대해 이야기할 때 편안한 은퇴를 준비하는 데 있어서의 네트워크 마케팅의 효율성에 집중되었다.

그래서 그날 저녁 모임이 끝나갈 무렵 데이빗이 자신은 결코 은퇴하고 싶지 않고, 은퇴는 죽음의 초기 단계라고 생각한다고 말했을 때 잔은 몹시 당황했다. 잔은 데이빗의 최우선 동기가 은퇴일 거라고 잘못 판단했던 것이다. 그 결과 데이빗은 잔의 사업에 동참하고 싶은 마음을 전혀 가질 수 없었다.

절대 추측하지 말라. 엉뚱한 결과를 낳기 쉽다.

다른 사람의 최우선 동기 요인을 추측하면 잘못 판단하게 될 가능성이 높다. 설사 당신의 추측이 맞다 하더라도 그것은 가망고객의 생각이 아닌 당신의 생각이다. 따라서 가망고객의 입으로 시인했을 때와 동일한 영향력과 동기 부여의 힘을 갖기 어렵다.

최우선 동기 요인을
발견하는 방법

최우선 동기 요인을 눈으로 볼 수 있도록 종이에 적어보자. 이 목록을 명함 뒷면이나 주머니에 넣고 다닐 만한 작은 종이에 적어도 좋다.(다음 페이지를 참고하라.)

이 목록을 제시할 수 있는 간단한 방법이 있다. 가망고객에게 이렇게 질문하는 것이다. **"왜 사람들이 네트워크 마케팅 사업을 시작하는지 아세요?"**

이 간단한 질문의 매력은 상대방의 '아니오'란 대답 후에 당신이 이렇게 말할 수 있다는 것이다. **"그렇다면 제가 보여드리겠습니다."**

추가 수입

재정적 자유

자신만의 사업

더 많은 여유 시간

개인적 성장

다른 사람들 돕기

새로운 사람들 만나기

은퇴

유산 남기기

이 시점에서 당신의 목록을 꺼내면 된다.

가망고객이 당신의 질문에 '예스'라고 대답하면 다시 이렇게 물어보라. **"그 이유가 뭘까요?"**

그러면 가망고객은 당신에게 사람들이 네트워크 마케팅을 시작하는 이유에 대해 어느 정도 진실한 또는 절반만 진실인 이유를 말해줄 것이다.

그가 이유를 다 말하고 나면, "다른 이유는 없을까요?"라고 물어본 후 그가 '없어요'라고 대답하면 다음과 같이 말하라.

"제가 보여드리지요."

그런 다음 당신의 최우선 동기 목록을 꺼내 보여준다.

그리고 다음에서 소개하는 5가지 황금질문을 해보자. 이 질문들은 당신이 할 수 있는 가장 가치 있는 질문이 될 것이다. 그리고 네트워크 마케팅의 스타덤에 오르는 초고속 열차 역할을 할 것이다.(만약 그것이 당신의 최우선 동기 요인이라면 말이다.)

이 질문들을 외워서 당신의 일부로 만들어라. 질문의 순서가 바뀌어서도 안 된다. 이것은 당신이 배우겠다고 약속한 부분이다.

5가지
황금질문

1. 당신의 최우선 동기는 무엇입니까?

2. 그 이유는 무엇입니까?

3. 그것이 당신에게 왜 중요한가요?

4. 그렇게 되지 못했을 때 어떤 결과가 생길까요?

5. 그 부분이 걱정되는 이유는 무엇입니까?

이 질문들의 단어 하나 하나를 정확히 기억하라. 그리고 질문할 때 곁길로 새지 말라. 질문의 순서를 지키는 것 또한 중요하다.

어떤 네트워크 사업자들은 새로운 가망고객을 만났을 때 '호기심 접근법'을 사용하기 좋아하는 반면 어떤 사업자들은 '직접 접근법'을 선호한다.

다음에 이어지는 사례에서 사용된 접근법은 좀 더 직접적인 경향이 있다. 왜냐하면 더 간단하게 설명할 수 있는 방법이기 때문이다. 대화 내용은 실제 인터뷰 내용이다.

앤지가
레이와 루스를 만났을 때

레이와 루스는 20대 중반의 부부로 얼마 전 앤지 집에서 두 집 건너 있는 새 집으로 이사를 왔다. 인사차 이야기를 나누던 중 앤지는 자신이 하고 있는 네트워크 사업에 대해 그들 부부에게 설명해주고 싶다고 말했다.

　루스는 시간 여유가 많지 않아 그 사업에 흥미를 갖기 어려울 것이라고 말했다. 레이 역시 두 가지 일을 하고 있는데다가 저녁에는 새 집을 정리하느라 다른 데 신경 쓸 틈이 전혀 없다고 말했다.

　앤지는 두 가지 일을 하거나 새 집으로 이사 온 사람들 대부분이 다 그렇다고 말하면서, 그래도 나중에 관심을 갖게 될 수도 있으니 사업에 대해 알려주고 싶다고 했다. 앤지는 부부에게 한 번 '잠시 들러' 커피나 한 잔 하라고 했다. 곧이어 "토요일 오후 4시 정도 괜찮으세요?"라고 묻자 레이와 루스는 괜찮다고 했다.

토요일 오후 4시 경에 부부는 앤지의 집에 와서 커피를 마시며 이야기를 나누었다. 앤지는 자신이 하는 일이 네트워크 사업이라고 말했다. 레이와 루스는 네트워크 마케팅에 대해 들어봤으며, 그 사업을 하다 실패한 사람들을 알고 있고, 세제와 관련된 사업이라고 생각했다면서 "암웨이 같은 건가요?"라고 물었다. 앤지가 그 상황에 어떻게 대처했는지 살펴보자.

앤지: "사람들이 왜 네트워크 사업을 시작하는지 아세요?"

레이: "피라미드 판매 같은 거 아닌가요? 그렇죠?"

앤지: "설명을 드리죠."

앤지: (자연스럽게 자신의 최우선 동기 목록을 꺼낸다.) "여기 적힌 것들이 바로 사람들이 네트워크 마케팅을 시작하는 주된 이유들이죠. **레이 씨의 1순위 동기는 무엇이죠?**"

레이: "아…… 음…… 우리는 재정적 자유가 되겠는데요."

루스: (확고하게) "맞아요. 그거예요."

앤지: **"그걸 선택한 이유는 뭐죠?"**

레이: "전 주택대출을 갚기 위해 두 가지 일을 하고 있고, 루스는 초과근무를 하고 있어요. 그래야 아이를 낳았을 때 조금 여유로울 수 있을 거같아서요. 또 우리는 우리 아이들에게 우수한 교육을 받게 해주고 싶고, 돈에 쫓기며 살고 싶진 않거든요."

앤지: **"왜 그것이 중요하죠?"**

레이: "말씀드렸다시피 집 대출금을 갚고 아이들에게 좋은 교육 환경을 마련해주고 싶으니까요. 루스와 난 그런 기회를 갖지 못했거든요"

루스: (레이의 말을 이어가며) "맞아요. 우리 부모님은 언제나 생활비를 마련하느라 힘들게 사셨어요. 우린 그렇게 살고 싶지 않아요."

앤지: **"그런 기회를 갖지 못해서 생기는 결과는 무엇이죠?"**

레이: "부모님과 똑같은 삶을 살겠지요. 빠듯한 수입으로 간신히 먹고사는 그런 힘든 인생……."

루스: "우리 아이들에게 좋은 교육 환경을 마련해주려면 많은 돈이 들어요. 여윳돈이 없으면 아이들에게 그런 혜택을 제공하지 못할 거예요."

앤지: **"왜 그 부분이 걱정되시죠?"**

레이: (날카로운 태도로) "우리가 말씀드렸듯이, 경제적인 자유를 얻기 위

해 노력하지 않으면 인생은 끝없는 몸부림에 불과할 겁니다. 누가 그런 삶을 원하겠어요?"

루스: "게다가 우리는 은퇴 준비도 해야 해요. 그래서 지금 우리가 이렇게 열심히 일하는 거죠."

위 대화 내용은 레이 부부와 비슷한 처지의 모든 부부들이 말할 수 있는 공통적인 내용이다. 차이가 있다면, 앤지가 5가지 황금질문법을 이용했으며, 루스와 레이가 그들의 최우선 동기 요인을 드러냈다는 점이다.

앤지가 다행히 부부의 최우선 동기 요인을 재정적 자유라고 지적했다 하더라도, 레이와 루스는 그것이 앤지의 생각이지 자신들의 생각은 아니라고 여겼을 것이다. 만약 앤지가 재정적 자유에 대해 이야기했다면 루스와 레이는 반대 의견을 제시했을 것이다. 앤지가 말했기 때문이다.

그러나 여기에서는 그들이 말했기 때문에 그 말은 진실이며, 거기에 어떤 반대도 있을 수 없었다. 이 5가지 질문들을 좀 더 살펴보자.

1. "당신의 1순위 동기는 무엇입니까?"

이 질문의 진짜 뜻은 "왜 오늘 저의 네트워크 마케팅 사업에 참여하려 하시는 거죠?"다. 이 질문에 대해 레이는 자신들의 제1동기가 재정적 자유라고 말했다.

2. "그것을 선택한 이유는 무엇인가요?"

이 질문의 원래 의도는 "왜 그런 이유로 이 사업에 참여하려는 거죠?"라고 묻는 것이다. 부부는 둘 다 주택대출금을 갚고, 자녀에게 좋은 교육 환경을 제공하고, 돈이 부족하지 않은 삶을 원하기 때문이라고 말했다.

3. "왜 그것이 중요하죠?"

이 질문은 "다시 한 번 말해주세요. 왜 그런 이유로 사업에 참여하려는 건가요?"라고 묻는 것이다.

레이는 '말씀드렸다시피……'라고 자신의 말을 반복하면서 부부가 사업에 참여해야 하는 이유를 강하게 인식하게 된다. 루스 또한 사업에 참여하는 이유로서 왜 재정적 자유가 최우선 동기인지에 대해 더 많은 이유를 들어 말했다. 결국 루스의 부모는 생활비를 마련하느라 힘들게 사셨기 때문에 자신은 그와 같이 살고 싶지 않다는 것이다.

4. "그런 기회를 갖지 못해서 생기는 결과는 무엇일까요?"

질문의 진정한 의도는 "당신이 사업에 참여하지 않으면 어떤 결과가 생길까요?"라고 묻는 것이다. 이제 부부는 둘 다 흥분해 있다. 그들은 앤지에게 부모님처럼 살고 싶지 않으며, 돈이 없어서 아이들이 좋은 교육을 받지 못하는 상황은 원치 않는다고 말했다.

5. "왜 그 부분이 걱정되시죠?"

이 질문은 부부의 최우선 동기를 반복해서 말하도록 요구한다. 두 사람은 활기에 차 있다. 그리고 왜 재정적 자유가 이 사업에 참여하는 최우선 동기인지를 계속해서 강조하고 있다.

그들이 앤지에게 말했다. 앤지가 말한 것이 **아니다.**

만약 앤지가 부부가 했던 말을 똑같이 했더라면 부부는 아마도 사업에 참여할 수 없는 이유를 들며 반대했을 것이다. 그러나 그들이 말했기 때문에 그 이유는 진실이었다.

이 인터뷰 이후 앤지는 부부에게 사업의 운용 방식을 보여주고, 부부가 했던 말을 반복하며 사업을 통해 얻을 수 있는 이득과 결과에 대해 설명했다. 그리고 부부가 벌어들일 수 있는 수입과 피할 수 있는 고통에 대해 말해주었다.

레이와 루스의 입장에서 이 사업은 그들의 꿈을 이룰 수 있는 완벽한 해답이었다. 그들 자신의 말을 담고 있었기 때문이다. 부부의 목표와 두려움들이 사업계획에 담겨 있었기 때문이다. 그것들은 모두 앤지가 아닌 그들 부부의 것이었다.

단단한 벽을
무너뜨린 브루노

엔지니어인 브루노는 짐을 비롯한 동료 엔지니어들과 함께 연합위원회를 구성해 일하고 있었다. 브루노는 1년 전부터 네트워크 마케팅 사업을 하고 있었고, 이 사업을 통해 매일 반복되는 엔지니어 일에서 벗어날 수 있으리라 생각했다. 그는 더 넓은 세상을 바라보고 있었다.

　브루노는 짐에게 몇 번씩이나 '사업 기회'에 대해 말했지만 결과는 언제나 차가운 반응뿐이었다. 짐의 여동생도 '그런 피라미드'에 있었으며 자신을 끌어들이려고 노력했지만 거절했다고 했다. 자신은 엔지니어지 세일즈맨이 아니며, 또 다른 친구들을 귀찮게 하고 싶지 않다고도 했다.

어느 날 저녁 커피를 마시면서 브루노는 최우선 동기 목록이 뒷면에 적힌 새로운 명함을 꺼냈다. 짐은 명함을 보고 브루노의 이름 아래 적힌 '네트워크 마케팅 및 판매'라는 문구를 보았다.

> 브루노: "짐, 네트워크 마케팅이 뭔지 알아?"
>
> 짐: "알지, 여동생이 거기 있었다고 말했잖아. 일종의 다단계 아닌가?"
>
> 브루노: "글쎄, 설명을 한번 들어보게."

브루노는 명함을 뒤집어 최우선 동기 목록을 보여주었다.

> 브루노: **"짐, 자네의 최우선 동기는 무엇인가?"**
>
> 짐: "음…… 내 생각엔, 내 사업을 하며 다른 사람들을 돕는 것이지."
>
> 브루노: **"왜 그 두 가지를 고른 거야?"**
>
> 짐: "내 자신을 위해 일할 수 있는 기회를 갖고 싶어. 거의 20년 동안 엔지니어 일만 지겹도록 계속 해왔으니까. 만약 이 사업을 한다면, 그 일을 하면서 다른 사람들을 도울 수 있었으면 좋겠어. 난 정말 사람들을 돕는 일이 좋거든. 위원회에 지원한 것도 바로 그런 이유 때문이야."

브루노: **"그것이 왜 너한테 중요하지?"**

짐: "내가 말했듯이, 미래에도 똑같은 노동의 연속일 뿐일 게야. 브루노, 자네도 그게 어떤 건지 알지? 은퇴에 대해 더 많이 생각하기 시작하니 슬퍼지더군. 뭔가 다른 일을 하고 싶지만, 서른여덟 살의 나이에 그건 너무 큰 모험이야."

브루노: **"글쎄, 그렇다면 자네가 사업을 하지 않는다면 결과가 어떻게 될까?"**

짐: (불편한 기색을 보이며) "내가 말했듯이, 일만 더 해야 한다고. 우리 나이 때 남자들이 스트레스로 죽는 거 알잖아. 내게 시간이 좀 더 있다면 아들 학교에서 하는 학부모 위원회에도 가입하고, 워크숍에도 더 많이 참가하며 내 일을 하고 싶어. 다른 사람이 내 인생을 통제하는 게 정말 이지 지겨워."

브루노: **"왜 그 모든 게 걱정되는 거지?"**

짐: "왜냐하면 내 시간이 더 있다면, 좀 다르게 살고 싶기 때문이지. 삶을 즐기고 일은 좀 줄이고 싶어. 나를 변화시킬 수 있는 일을 했으면 좋겠어."

브루노: "바로 네트워크 마케팅이 자네가 원하는 걸 할 수 있도록 해줄 수 있네. 더 많은 시간과 더 많은 자유를 얻을 수 있어. 새로운 일을 시작하는 데 따르는 위험부담 없이 자신의 사업을 한다는 이점이 있으면

서도 남을 도울 수도 있네. 내가 어떻게 사업에서 효과를 보았는지 설명할게."

지난 1년 동안 브루노는 짐이 사업에 관심을 갖게 하기 위해 노력했으나 실패했었다. 그리고 5가지 황금질문들을 알게 되었을 때, 자신이 지난 1년간 짐에게 그의 인생에 대해 무얼 해야 하는지 말해주려고 애써왔다는 사실을 깨달았다. 그건 모두 브루노의 생각이지 짐의 생각이 아니었다.

그러나 이제 브루노 명함 뒷면의 최우선 동기 목록과 5가지 황금질문들을 통해 짐은 왜 자신이 이 사업에 참여해야 하는지 말할 수 있게 되었다. 짐은 사업계획을 보고 자신의 눈을 의심하며 "왜 예전엔 아무도 이것을 보여주지 않았지?"라고 말했다.

그동안 자신이 사업에 참여해야 하는 이유를 남들에게 듣기만 했기 때문이다. 어느 누구도 그의 최우선 동기 요인에 대해 말해 보라고 질문하지 않았던 것이다.

마음을 공략당한
치과의사

이 이야기는 내 경험담이다. 마흔네 살의 프랭크는 내 치과의
사였다. 해변에 있는 100만 달러짜리 집과 비싼 자동차를 소
유하고 있었고, 언제나 바빴다. 대부분의 사람들 기준으로 볼
때 그의 삶은 매우 성공적이었다. 어느 날 근처 쇼핑센터에
갔다가 카페에 앉아 있는 프랭크를 보았다. 나는 같이 커피라
도 마시려고 그에게 다가갔다.

앨런: "일은 어때요, 프랭크?"

프랭크: (시큰둥하게) "괜찮아요."

앨런: (웃으면서) "이봐요, 프랭크. 해변에 살면서, 일거리도 많고, 돈도 많이 벌면서 왜 그래요? 신나야죠."

프랭크: "그건 먹고 살기 위해 하는 일이지요."

앨런: "그렇다면, 그 일을 그만두고 다른 일을 해보지 그래요?"

프랭크: "그럴 가능성은 거의 없어요, 프랭크."

앨런: "왜죠?"

프랭크: (현실적인 목소리로) "왜냐하면 난 치과의사니까요. 난 항상 치과의사로 살아왔어요. 그게 내 일이니까요."

앨런: (관심을 보이며) "흠…… 치과의사가 되기로 결심한 것이 언제였지요?"

프랭크: "열여덟 살, 대학생 때였죠. 처음부터 의학을 하려고 했던 건 아니었어요. 치과는 차선책이었지요."

앨런: "치과의사로 사는 게 좋은가요, 프랭크?"

프랭크: (무심한 말투로) "꼭 그렇진 않아요. 돈을 벌 수 있으니까 하는 거죠."

앨런: "프랭크, 만약 열여덟 살 학생이 당신 진료실에 들어와 앞으로 20년 동안 당신이 해야 할 일을 말해준다면, 그 말을 듣겠어요?"

프랭크: (웃으면서) "열여덟 살 학생이 마흔네 살에게 인생에 대해 무얼 말할 수 있겠어요?"

앨런: "그럼, 그 학생 말을 듣지 않겠다고요?"

프랭크: "절대요!"

앨런: "그렇다면, 당신은 왜……?"

갑자기 대화가 끊어졌다. 프랭크는 충격에 빠져 아무 말도 못했다. 프랭크는 열여덟 살 대학생의 즉흥적인 결정이 마흔네 살이 된 자신의 삶을 통제해왔다는 생각을 단 한 번도 해보지 못했던 것이다.

이 질문이 그에게 미친 영향력을 본 나는 기회를 놓치기가 너무 아깝다는 생각이 들었다. 그래서 주머니에서 최우선 동기 목록PMF이 적힌 명함을 꺼내 프랭크 앞에 놓았다.

앨런: "프랭크, 이 목록을 잘 봐요. 당신 인생의 최우선 동기는 무엇인가요?"

한없이 이어질 것 같은 침묵 끝에 마침내 그가 대답했다.

프랭크: "더 많은 여유 시간."

앨런: "그것을 고른 이유는요?"

프랭크: "전 매일 아침 여섯 시에 일어나 여덟 시 반까지 준비를 마치고 환자를 받기 시작합니다. 그렇게 오후 여섯 시까지 일하는데, 만나는 사

람이라고는 찡그린 얼굴로 치통을 호소하는 환자들뿐이지요. 주말에도 내 자신이나 아이들을 위해 시간을 내기가 힘들어요. 혹 시간이 난다 해도 너무 지쳐서 뭔가 의미 있는 일을 할 수도 없어요. 지금까지 한가한 시간을 제대로 가져본 적이 없는 것 같네요."

앨런: "그것이 왜 당신에게 중요하죠?"

프랭크: (불편해하며) "제가 말했듯이 내 생활은 1분 간격으로 스케줄이 짜여 있어요. 차라리 학교 선생님이 되었다면 시간 여유도 많고, 휴가도 제대로 즐길 수 있었을 텐데요."

앨런: "그 말의 의미는?"

프랭크: "치과의사라는 직업은 흔히 생각하는 것과는 달라요. 제가 처음 치과의사가 되기로 결심했을 땐……."

프랭크는 거의 5분 동안 열정적으로 자신이 갇혀 있는 치과의사라는 감옥에 대해 이야기했다.

앨런: "더 많은 시간을 가질 수 있는 기회를 놓친다면, 어떻게 될까요?"

프랭크: (절망적인 목소리로) "평생 동안 치과 진료실에 갇혀 살겠지요. 아이들은 빠르게 커가는데 함께 시간도 많이 보내지 못하고요. 아내는 항상 스트레스에 시달리는 듯한 내 생활에 지쳤다고 말합니다."

프랭크의 얼굴이 창백해지고 눈가엔 눈물이 맺혀 있었다. 금방이라도 울음을 터트릴 것 같았다. 이제껏 머리 속에서만 맴돌던 말을 20년 만에 처음으로 말로 표현했던 것이다.

앨런: (부드럽게) "그런 것이 왜 걱정이 되는 거죠, 프랭크?"

프랭크는 대답하지 않았다. 할 수가 없었다. 너무 걱정이 되었기 때문이다. 그는 조용히 그 자리에 앉아 있었다. 나는 정보를 더 얻기 위해 프랭크를 압박하지 않았다. 그가 감당할 수 없겠다고 생각했기 때문이다. 게다가 난 거기에 콘플레이크를 사러 간 거지 프랭크의 인생을 바꾸러 간 것이 아니었다.

석 달 후 프랭크를 만나려고 병원을 찾아갔다. 접수처 직원은 프랭크가 사라졌다고 말했다. 어느 월요일에 프랭크가 통보하기를 그의 친구가 진료를 맡을 것이고 자신은 한동안 쉰다고 했다는 것이다. 거의 석 달 동안 아무도 그를 본 사람이 없었다.

1년 후, 난 그가 미국에서 모텔을 팔아 수수료를 받으며 신나게 살고 있다는 이야기를 들었다. 아직도 난 프랭크가 지금 어디서 무엇을 하는지 모른다. 하지만 프랭크와의 일은 5가지 황금질문이 얼마나 강력한 영향력을 발휘할 수 있으며, 전혀 생각하지 못했던 사람의 인생을 어떻게 변화시키는지 보여준다.

아마도 프랭크는 지금 어디선가 네트워크 마케팅 사업을 하고 있지 않을까?

최우선 동기가 없는 가망고객

가끔 당신은 최우선 동기가 없다고 말하는 가망고객을 만날 것이다. 일부 가망고객이 최우선 동기가 없다고 말하는 이유는 다음 두 가지 이유 중 하나 때문이다.

첫째, 정말로 최우선 동기가 없거나, 두 번째, 세 번째 동기도 없기 때문이다. 이런 경우, 시간을 내줘서 감사하다고 말한 다음 다른 가망고객을 찾아 나서라. 희망이나 꿈, 우선 동기가 없는 사람들과 시간을 낭비하지 마라.

둘째, 최우선 동기를 선택하면 거기에 따른 행동을 취해야 하는 것이 두렵기 때문이다. 이런 가망고객을 대하는 방법에 대해 알아보자.

> 당신: "최우선 동기가 무엇입니까?"
>
> 가망고객: "없는데요."
>
> 당신: "하나도 없어요?"
>
> 가망고객: "없어요. 지금 당장 나에게 중요한 것은 아무것도 없습니다."
>
> 당신: (아무렇지도 않은 듯) "그럼, 만약 이 중 하나 중요한 것을 꼽으라면 무엇이 될까요?"
>
> 가망고객: "글쎄요, 만약 하나만 고른다면…… 아마도 재정적 자유가 되겠지요?"
>
> 당신: "왜 그것을 골랐나요?"
>
> 가망고객: "돈은 반드시 있어야 하니까요. 그리고……."

이제 당신은 5가지 황금질문을 이어나가면 된다.

침묵의
힘

질문을 던지고 나서는 가망고객의 대답이 완전히 끝날 때까지 철저히 침묵을 지키고 있어야 한다. 고객이 최우선 동기를 고르도록 도와주고 싶은 모든 유혹을 물리쳐라. 최우선 동기는 그들의 생각이어야만 한다. 당신 것이 아니다. 가망고객이 왜 사업에 참여하고 싶은지 스스로 말할 필요가 있다.

　가망고객의 인생에서 누군가가 그런 중요한 질문을 하고, 자신이 스스로 대답하도록 시간을 준 것은 아마도 처음일 것이다. 설사 가망고객이 이전에 이미 네트워크 마케팅에 대한 설명을 들었더라도, 누군가 이렇게 질문을 던진 후 침묵을 지키는 경우는 처음일 것이다. 또한 가망고객의 대답은 장기적으로 그가 어느 수준까지 사업에 전념할 수 있는지를 알려주는 좋은 정보가 된다.

염소 떼에서
양을 구별해내는 방법

가망고객이 5가지 황금질문에 대해 얼마나 진실되고 깊이 있게 대답하느냐에 따라 그 사람이 얼마나 의욕적으로 사업에 임할 수 있느냐가 드러난다.

그들의 대답이 냉담하거나 그저 그렇거나 설득력이 없다면, 당신은 그들을 네트워크 사업에 참여하라고 초대해야 하는지 신중하게 다시 생각할 필요가 있다. 가망고객의 가슴에 뜨거운 열정이 없다면 불평밖에 하지 않을 것이기 때문이다.

만약 5가지 황금질문에 대해 우유부단한 답변을 늘어놓는다면 다른 가망고객을 찾아나서는 편이 나을지 모른다. 그런 가망고객들은 의존적이어서 계속해서 당신의 시간을 빼앗을 것이다. 반면 확고한 최우선 동기와 꿈을 가진 가망고객들은 성공할 것이다. 설사 당신이 없더라도 말이다.

> 최우선 동기를 가진 가망고객이라면 반드시 성공할 것이다. 당신은 그 과정을 좀 더 빨리 이룰 수 있도록 도와줄 뿐이다.

네트워크 마케팅 사업을 구축하는 것은 정원에 나무를 심는 일과도 같다. 흙을 일구고, 퇴비를 주고, 잡초를 뽑고, 악천후로부터 나무를 보호해야 한다. 하지만 어떤 씨들은 자라나는 반면 다른 씨들은 시들어버린다. 당신이 할 수 있는 일은 오로지 물을 주고, 퇴비를 주고, 잡초를 뽑아주는 일뿐이다. 강한 씨앗은 당신과 상관없이 자라날 것이다.

당신이 심은 씨가 약하다면 영원히 지지대를 세워줘가며 자라나기를 바라야 할 것이다. 약한 씨앗이 튼튼하고 아름다운 나무로 성장할 거라 믿는 어리석음을 범하지 말라. 그런 일은 거의 일어나지 않는다. 진짜 비밀은 강한 씨앗을 심는 것이다. 그것이 바로 5가지 황금질문의 목적이다. 나무를 심기 전에 그 씨앗의 잠재력을 시험하는 것이다.

질문에 우유부단한 대답을 늘어놓는 가망고객이라면, 그는 당신의 사업에 적합하지 않은 사람일 수 있다. 혹은 아직 때가 아닌 고객일지도 모른다. 아니면 그저 물건만 구입하는 사람일 수도 있다. 모든 가망고객들을 지원하되 강한 씨앗에 가장 많은 시간을 투자하라.

최우선 동기 목록
그룹에서 활용하기

이 단계를 조금만 연습하면, 집단을 대상으로 하는 프레젠테이션을 할 때 매우 효과적이라는 것을 알게 될 것이다. 이때 준비된 PMF 목록을 사용해도 되고, 청중에게 네트워크 마케팅에 참여하게 된 이유를 소리쳐 말해 보라고 할 수도 있다.

준비된 목록을 보여주며 누군가에게 "당신의 최우선 동기는 무엇입니까?"라고 질문하면, 당신은 더 이상 할 일이 없다. 그 다음엔 두 번째와 세 번째 고객에게 그 과정을 반복한다. 그러면 아주 빠른 시간 내에 청중 전체가 사업에 참여한 이유를 당신에게 말해줄 것이다.

프레젠테이션을 하는 동안 PMF 목록을 작성하고 싶다면, 최우선 동기를 말한 사람들에게 "왜 그것을 고르셨나요?"라고 질문한 후 나머지 과정을 따라가면 된다. 그러면 전체 그룹이 서로에게 왜 사업에 참여하는지 그 중요성을 말하게 하고, 당신은 아무 말도 하지 않아도 되는 상황이 된다. 이 흥미로운 광경에서 당신이 할 일은 오직 고개를 끄덕이며 북돋워 주는 일뿐이다.

열쇠3
뜨거운 단추 누르기:
계획을 보여준다

이 단계에서 네트워크 마케팅 사업자들의 역량이 빛을 발한다. 당신의 사업계획이 두 번째 열쇠인 '뜨거운 단추 찾기'에서 찾아낸 가망고객에게 희망과 두려움, 꿈을 어떻게 이룰 수 있는지 보여주는 단계다. 다시 말해 입증 과정을 거쳐 결과가 명확한 체계적인 사업계획을 설명하는 것이다. 이때 반드시 기억해야 할 것이 있다.

사업계획은 문제에 대한 해결책,
혹은 꿈을 일깨워주는 수단에 불과하다.

해결책은 논리적으로 이치에 맞아야 한다. 하지만 논리는 이성의 문을 열 뿐이다. 5가지 황금질문은 감정의 문을 열며, 열의가 있는 가망고객들이 자신의 해결책을 찾고 싶어하도록 동기를 부여한다.

어떤 사람의 최우선 동기 요인을 먼저 찾지 않은 채 해결책 만을 제시한다면, 그 가망고객에게 일시적인 열정을 불어넣을 수는 있겠지만 감정적인 동기부여는 할 수 없다. 그런 이유 때문에 며칠 내에 차갑게 식어버리는 가망고객들이 많은 것이다.

계획을 보여줄 때는 가망고객이 언급했던 용어를 사용하라. 예를 들면,

"그래서 이것은, 당신 스스로 자신의 운명을 지배할 수 있고, 가족과 보낼 수 있는 더 많은 여유 시간을 갖는 것을 의미합니다."
"이것은 당신이 원한다고 말했던 은퇴 스타일과 편안한 노후입니다."

가망고객만의 언어를 반복 사용하면서 사업계획을 보여주

면, 사업계획이 그들만의 것으로 다가가게 된다. 의미 있고 동기를 부여하는 계획이 된다. 바로 그들의 생각과 언어이기 때문이다.

열쇠 4
결단 얻어내기

4가지 열쇠 시스템은 '예스'라는 대답을 얻어내기 위한 입증된 방법이므로 최선의 결과를 얻기 위해서는 여기에 나온 공식을 지켜야 한다.

내가 만난 네트워크 사업자들은 대부분 '얼음 녹이기' 단계(분위기 조성)에 대해 충분히 숙지하고 있었다. 사람들에게 친절하게 말하는 법과 공감대를 형성하는 방법을 잘 알고 있었다. 그러나 그들 대부분에게는 효과적인 '뜨거운 단추 찾기' 단계가 없었다. 그래서 '얼음 녹이기' 단계에서 곧바로 '뜨거운 단추 누르기' 단계로 갔다.

사업계획에 대한 프레젠테이션이 아무리 훌륭해도 반드시 가망고객이 행동을 취할 만큼 의욕이 생기는 것은 아니다. 감정적으로 동요되지 않는다면 말이다.

너무도 많은 가망고객들이 사업계획에는 흥분했다가도 하루 이틀 지나면 완전히 식어버리는 주요 원인이 바로 이것이다. 일부 네트워크 사업자들은 사업계획을 보여주는데 몰입한 나머지 너무 많은 말을 쉴 새 없이 한 결과 스스로 그 생각에 넘어가는 사람도 있다.

사업계획은 가망고객이 피하고 싶은 고통이나 벌어들이고 싶은 수입에 대한 해결책에 불과하다. 그러므로 가망고객이 자신의 최우선 동기 요인을 발견하고 그에 대한 의욕을 불태우기 전까지는 사업계획을 보여주는 게 별 의미가 없다.

당신이 '뜨거운 단추 찾기' 단계를 잘할 수 있다면, 결단을 얻어내는 단계는 크게 걱정하지 않아도 된다. 가망고객이 감정적으로 동요하게 만드는 법을 알고 있다면, 가망고객 스스로 자신만의 해결책을 찾아 나설 것이기 때문이다. 뜨거운 단추를 찾아 그것을 누르면, 당신의 네트워크 구축은 간단히 이루어질 것이다.

제 3장

효과적인 프레젠테이션 하기

기술 1
다리 놓기

미묘하지만 극적인 효과를 내는 6가지 기술로 당신의 프레젠 테이션을 강화시킬 수 있다. 먼저 '다리 놓기'는 대화를 이어 갈 수 있도록 하며, 당신이 말을 너무 많이 하거나 가망고객 이 말을 너무 적게 하는 상황을 피할 수 있도록 도와주는 기 술이다.

기발한 자유 답변식 질문을 했는데 짧은 대답으로 끝나버린 다면 매우 실망스러울 것이다. 판매자 수가 가망고객 프레드 와 친밀감을 형성하기 위해 어떻게 노력했는지 살펴보며 차 가운 가망고객의 마음을 녹이는 방법에 대해 생각해 보자.

수는 가망고객인 프레드와 공감대를 형성하기 위해 노력 중이었다. 컴퓨터 회사의 직원이었던 프레드는 점심시간에 수의 설명을 들어보기로 약속했다. 약간 퉁명스러운 첫인상에, 대화를 즐기는 사람 같지 않아 보여서 프레드를 만났을 때 수는 조금 위압감을 느꼈다.

수: "이 일은 어떻게 시작하게 되었나요, 프레드?"
프레드: "컴퓨터에 관심이 많았어요."

이 정도로는 쓸 만한 정보를 별로 얻을 수 없었기 때문에 수는 또 다른 자유 답변식 질문을 던졌다.

수: "컴퓨터 일에서 어떤 점이 가장 좋으세요?"
프레드: "매번 달라요."

또 한 번의 짧은 대답에 수는 이 사람의 굳게 다문 입을 활짝 열 또 다른 질문을 생각해내야 했다. 문제는, 설사 수가 계속해서 훌륭한 질문을 한다고 해도 얼마 가지 않아 경찰시장이 심문하는 듯한 양상이 되리라는 점이었다.

단답형으로만 대답하는 가망고객을 대하는 가장 좋은 방법은 '다리 놓기' 기술을 이용해 계속 말하도록 하는 것이다. 강력한 '다리 놓기' 기술은 아래와 같다.

- 그러니까 그 말의 의미는……?
- 예를 들면요?
- 그 다음엔……?
- 그래서요?
- 그렇다면 당신은……?
- 그것이 의미하는 건……?

 각각의 '다리 놓기' 뒤엔 당신의 침묵이 필요하다. 다행히 수는 '다리 놓기'를 이용할 줄 알았고, 프레드와의 실제 대화는 다음과 같이 이어졌다.

 수: "컴퓨터 일은 어떻게 시작하게 되었지요, 프레드?"

 프레드: "늘 컴퓨터에 관심이 많았거든요."

 수: "그러니까 그 말은……?"

 프레드: "대규모나 중간 규모의 사업체에 네트워크 시스템을 설치하는

일을 말합니다."

수: "다시 말하면……?

프레드: "업무를 수월하게 해주는 소프트웨어를 개발해 사업 전반의 효율성을 향상시킨다는 의미죠."

수: "예를 들면요?"

프레드: "글쎄요, 예를 들면, 어제 전 회계 프로그램에 문제가 있는 회사에 시스템을 설치했어요. 그쪽에서 제게 전화를 걸어서……."

이 경우 수는 간단한 연결말을 사용해 프레드의 침묵의 아성을 깨뜨리는데 성공했을 뿐 아니라 자신 또한 심문하는 사람처럼 보이지 않을 수 있었다. 물론 대화의 대부분을 수가 이끌어나가지도 않았다. 그런데도 수는 프레드에 대한 유용한 정보를 얻을 수 있었다. 프레드는 자신의 가장 중요한 문제에 대해 스스로 이야기했다.

'다리 놓기'를 이용할 때는 다음 3가지를 기억해야 한다.

1. 몸을 앞으로 기울이며 손바닥을 내민다.
2. '다리 놓기'의 마지막 단어를 길게 끌어 말한다.
3. 뒤로 몸을 젖히고 침묵한다.

: 대화를 이어가기 위한 '다리 놓기' 활용법 :

몸을 앞으로 기울이며 손바닥을 내미는 것은 두 가지 효과가 있다. 첫째, 당신이 위협적이지 않다는 비언어적 표현이며, 둘째, 통제권을 고객에게 '넘김으로써' 고객이 말할 차례라는 의미를 뜻한다.

'다리 놓기'의 마지막 단어를 길게 끄는 것은 말을 질문 형태로 바꾸는 것과 같다. 길게 끌지 않으면 주장처럼 들릴 수 있기 때문이다. 예를 들어보자.

프레드: "……그래서 더 효율적으로 사업을 운용할 수 있지요."

수: "다시 말하면……?"(길게 끈다.)

프레드: "업무가 수월해지고 고객관리 체계도 개선되는 겁니다. 아시다
시피 대부분의 사업체에는 체계적인 시스템이 없어서……."

　연결말의 마지막 음절을 길게 늘이지 않으면 하나의 진술이
나 의견처럼 들릴 수 있다. 심지어 무례하게 들릴 수도 있다.
　연결말을 이용해 '다리 놓기'를 한 다음에는 침묵하라! 가끔
다리를 놓은 후, 영원히 계속될 것 같은 침묵에 당신의 지혜
를 이용하고픈 충동이 일 것이다. 그러나 참아야 한다.
　손바닥을 내보이는 행동은 이번에 말할 차례가 고객이라는
의미가 된다. 당신은 고객이 이야기하도록 기다려야 한다.

듣기의
몸짓언어

'다리 놓기'를 통해 고객의 숨겨진 동기를 찾아내고, 정보를 확보하는 방법을 사례를 통해 살펴보자.

대화의 통제권을 넘겨주고 나면, 뒤로 기댄 채 손을 턱에 대고 평가하는 듯한 태도를 취한다. 이런 태도는 곧바로 가망고객이 계속해서 말을 이어가는 상황을 만들어준다. 당신이 뒤로 기대 있는 동안 상황은 지속된다. 가망고객이 최우선 동기로 재정적 자유를 선택했다고 가정해 보자.

: 턱에 손을 대고 경청하려는 듯한 태도 :

당신: "당신의 최우선 동기가 무엇이죠?"

가망고객: "재정적 자유입니다."

당신: "왜 그것을 선택하셨지요?"

가망고객: "내가 살면서 하고 싶은 모든 것을 할 수 있는 충분한 돈이 있다는 것은 중요하니까요."

당신: (앞으로 기울이며 손바닥을 내민다.) "그 말의 의미는 그러니까⋯⋯?"

가망고객: "아이들에게 우수한 교육 환경을 제공하고 편안한 삶을 사는 거죠."

당신: (앞으로 기울이며 손바닥을 내민다.) "편안한 삶의 뜻은⋯⋯?"

가망고객: "그건 돈이 많아서 휴가도 오랫동안 다녀오고 멋진 차를 몰고, 가끔씩 비싼 물건도 살 수 있다는 의미지요."

당신: "예를 들면요……?"

가망고객: "글쎄요, 예를 들면, 여행을 가고 싶다면 갈 수 있는……."

당신이 두 가지 '다리 놓기' 용어, '의미는'과 '예를 들면'을 적절하게 사용함으로써 당신의 가망고객은 지금 자신의 생각과 느낌, 믿음에 대해 말하고 있다. 더욱 중요한 것은 당신이 대화를 주도하지 않는다는 점이다.

'다리 놓기'는 실제로 개방형 질문으로, 과묵한 사람이나 단답형으로 말하는 사람들에게 프레젠테이션할 때 가장 유용한 기술이다. 처음 '다리 놓기'를 할 때에는 어색할 수도 있다. 특히 습관적으로 말이 많은 사람이라면 말이다. 왜냐하면 가끔씩 '다리 놓기'를 한 후 침묵이 뒤따르기 때문이다. 그러나 단답형으로 말하는데 익숙한 가망고객이라면, 대화 중의 그 침묵이 거북하지 않을 것이다. 그에게는 매우 자연스러운 상황이기 때문이다.

'다리 놓기'는 재미있게 활용할 수 있으며, 프레젠테이션을 더욱 흥미 있게 만들고, 침묵에 대처하는 힘을 길러준다.

기술 2
고개 끄덕이기

대부분의 사람들이 '고개 끄덕이기'를 강력한 설득 도구라고 생각하지 않는다. 고개를 끄덕이는 행동은 거의 모든 나라에서 동의를 표현할 때 쓰는 몸짓으로, 몸을 숙이거나 절을 하는 행위에서 비롯되었다. 즉, "만약 내가 당신에게 절을 한다면 당신의 뜻에 따르는 것입니다"라는 의미인 것이다. '고개 끄덕이기'는 약식으로 하는 절과 같다고도 할 수 있다.

'고개 끄덕이기'를 강력한 도구로 활용하는 두 가지 방법이 있다. 몸짓언어는 내면의 감정을 반영한다. 긍정적인 마음일 때 사람들은 말하면서 자연스럽게 고개를 끄덕이게 된다. 그런데 무심한 감정이 들 때 의도적으로 한 번 고개를 끄덕여보라. 긍정적인 감정이 생겨나는 경험을 하게 될 것이다.

> 긍정적인 감정은 고개를 끄덕이게 한다.
> 또한 고개를 끄덕이면 긍정적인 마음이 생긴다.

게다가 고개를 끄덕이는 행동에는 전염성이 있다. 내가 상대방을 향해 고개를 끄덕이면 상대방 또한 고개를 끄덕이게 되기 쉽다. 심지어 내 말에 동의하지 않을 때도 말이다.

그러므로 '고개 끄덕이기'는 동의나 협조를 구할 때 훌륭한 도구가 될 수 있다. 그리고 아래와 같은 확정하는 말로 마무리한다.

- 그렇지 않나요?
- 그렇게 하지 않으시겠어요?
- 맞지 않나요?
- 괜찮으시죠?

말하는 사람과 듣는 사람 모두 고개를 끄덕이면, 듣는 사람은 긍정적인 감정을 갖게 되고, 이로 인해 긍정적인 결과가 나올 가능성이 더 커진다. '고개 *끄덕이기*' 기술은 쉽게 배울 수 있기 때문에 일주일 안에 당신의 영원한 몸짓언어로 만들 수 있다.

'고개 *끄덕이기*'의 두 번째 활용법은 대화를 지속시키는 것이다. 어떻게 활용하는지 보자.

개방형 질문을 하거나 '다리 놓기'를 한 후 상대방이 대답을 하면, 고개를 *끄덕*이며 대답을 듣는다. 상대방이 대답을 마치면, 1초당 한 번 꼴로 다섯 번 정도 더 계속해서 고개를 *끄덕*여라. 일반적으로 4초를 세는 시점에서 상대방은 다시 말하

: 남자가 턱을 쓰다듬는 동작 :　　　: 여자가 턱을 쓰다듬는 동작 :

기 시작할 것이고, 그렇게 함으로써 당신에게 더 많은 정보를 주게 된다.

그리고 당신이 턱에 손을 대고 있는 동안에는 말을 해야 한다는 압박감을 느끼지 않아도 된다. 또 이런 식으로 당신은 간섭하는 사람처럼 보이지 않을 수 있다.

상대방의 말을 들으면서 한 손을 턱에 대고 가볍게 몇 번 쓰다듬어보자. 연구결과에 따르면, 이런 몸짓은 상대방으로 하여금 더 오랫동안 말하도록 부추긴다고 한다.

기술 3
격려 문구 사용하기

다른 사람이 말할 때, 아래의 격려 문구를 사용해 계속해서 그가 말할 수 있도록 기운을 북돋아줄 수 있다.

- 그렇군요.
- 아하…….
- 정말요?
- 더 얘기해주세요.

격려 문구는 상대방이 줄 수 있는 정보의 양을 두 배 이상

늘릴 수 있다.

격려 문구와 함께 '고개 끄덕이기' 기술과 '다리 놓기'를 사용하면, 프레젠테이션을 한결 부드럽게 진행할 수 있다.

기술 4
시선 집중시키기

조사에 의하면, 서로 마주보며 하는 프레젠테이션에서 사람의 뇌에 전해지는 정보는 87퍼센트가 눈을 통해서 오고, 9퍼센트가 귀, 4퍼센트가 다른 감각기관을 통해 전달된다고 한다.

예를 들어, 당신이 시각자료를 보여주며 설명할 때, 전달 내용이 직접적으로 고객의 시선과 연결되지 않으면 고객이 받아들이는 정보는 9퍼센트밖에 되지 않는다는 것이다. 따라서 만약 당신이 여행에 대해 말하면서 집을 그린다면, 상대방은 당신의 이야기를 이해하지 못할 수도 있다. 전달 내용이 시각자료와 연결된다고 해도 고객이 당신을 보지 않고

시각자료만 본다면 전체 내용의 25∼30퍼센트만 받아들일 것이다.

그러므로 최대한 시선을 집중시키기 위해 펜을 이용해 시각자료를 설명하는 동시에 고객이 보고 있는 내용을 말로 표현해주는 것이 필요하다. 그 다음, 시각자료에서 펜을 들어 당신과 고객의 눈 사이 중간쯤의 위치에 둔 채 고개를 끄덕이며 말하라.

들고 있는 펜 너머로 상대의 눈을 보되, 펜이 가리키는 방향과 당신의 눈이 향하는 방향이 항상 일치해야 한다. 이 방법은 가망고객의 고개를 들어 올리는 자석 같은 효과가 있다.

고객은 당신의 눈을 바라보고 당신이 말하는 내용을 들으면

: 펜을 이용해 지속적으로 시선 마주치기 :

서 보고 있으므로, 당신의 프레젠테이션 영향력은 극대화된
다. 이때 다른 한 손은 반드시 손바닥이 보이도록 해서 위압
적이지 않은 분위기를 유지해야 한다.

기술 5
따라하기

두 사람이 서로 감정적으로 '일치' 상태가 되면, 그들의 몸 역시 같은 자세와 같은 동작을 취함으로써 육체적 일치성을 보인다. 이런 행동의 목적은 사람들과 공감대를 형성하고 갈등을 피하기 위해서다. 비언어적인 방법으로 "나는 당신과 똑같은 사람이며, 당신의 생각과 입장에 동의합니다"라는 의미를 나타내는 것이다.

 다른 사람과 가까워지기 위해 서로 '일치' 상태를 유지하는 것은 사람이 처음 자궁 속에서 엄마의 생체리듬에 따라 자신의 신체 대사와 심장박동을 맞추는 행동에서 시작되었다. 그

래서 사람들은 상대방의 동작을 자연스럽게 따라하는 것에
이끌린다.

: 엄마와 아빠, 로버 :

그 결과 우리는 본능적으로 공감대를 형성한 사람들의 행동
을 따라한다. 그런 행동은 특히 유대관계가 돈독한 사람들끼
리의 사업상 모임이나 사교 행사에서 볼 수 있다. 오랜 세월
을 같이 산 사람들이 서로 닮아가는 이유 또한 설명해준다.
그리고 나서 두 사람은 자기들을 닮은 개를 산다.

보고
따라하기

121쪽 그림의 두 사람은 따라하기에 대한 전형적인 예를 보여준다. 두 사람은 같은 자세로 서 있고, 같은 자세로 음료수를 쥐고 있으며(아마도 같은 음료수일 것이다.) 비슷한 옷차림에 비슷한 어휘를 사용한다. 한 사람이 주머니에 손을 넣으면 다른 사람도 따라한다. 한 사람이 반대 쪽 다리로 체중을 옮기면, 그의 친구 또한 그렇게 한다. 두 사람의 의견이 일치하고 친밀감이 존재하는 한, 따라하기는 계속될 것이다.

'따라하기'는 상대방을 편하게 만든다. 공감대를 형성하는 강력한 도구인 것이다. 느린 동작으로 비디오 연구자료를 보

: 따라하기는 서로의 공감대를 나타낸다 :

면, 따라하기는 눈 깜박임과 콧구멍 확장, 눈썹 올리는 동작에서도 나타나며, 심지어 동공 확장이나 축소 동작이 일치하기도 한다. 이러한 미세한 몸짓은 의식적으로 모방할 수 없기 때문에 놀라운 일이 아닐 수 없다.

분위기
좋게 만들기

다른 사람의 몸짓언어와 말하는 방식을 따라하는 행동은 짧은 시간에 공감대를 형성하는 역동적인 방법이다. 새로운 사람을 만나면 앉는 위치나 자세, 몸의 각도, 동작, 표정과 말투를 따라해 보라. 얼마 지나지 않아 상대방은 당신에게 호감이 가는 뭔가가 있다고 생각하기 시작할 것이다. 아마도 당신에 대해 '같이 있기 편한 사람'이라고 말할 것이다. 그 이유는 사람들이 당신에게 반영된 자신의 모습을 보기 때문이다.

그러나 한 가지 기억해야 할 것이 있다. 새로운 사람을 만났을 때 처음부터 너무 상대방의 행동을 따라하면 안 된다는 사

: 따라하기를 통한 공감대 형성 :

실이다.

　내가 《보디 랭귀지Body Language》란 책을 낸 이후 100만 명 이상이 책에 이어 출시된 텔레비전 시리즈나 트레이닝 비디오를 보았기 때문에 '따라하기' 전략을 알게 된 사람들이 많다. 그러므로 '따라하기'를 하기 전에 몇 분 정도 기다리는 것이 가끔은 현명한 일이다.

따라하기에서
남성과 여성의 차이

남성과 여성의 뇌는 감정표현 방식이 다르게 프로그램되어 있다. 여성은 다양한 얼굴 표정을 나타내지만, 남성은 몸의 움직임과 동작에 더 치중한다.

일반적으로 여성은 10초 동안 이야기를 들으면서 화자의 감정에 반응을 보이기 위해 평균 여섯 가지의 표정을 나타낸다. 여성의 얼굴은 화자가 표현하는 감정에 따라 변화한다. 그래서 두 명의 여성이 말하는 것을 보면, 두 사람이 같은 일을 경험하고 그 일에 대해 동시에 이야기하는 것처럼 보인다.

여성은 상대방의 목소리 톤이나 몸짓언어를 통해 듣고 있

| 슬픔 | 놀라움 | 분노 | 즐거움 | 두려움 | 욕망 |

: 이야기를 들으면서 여성이 10초 동안 나타낸 표정 :

는 내용의 의미를 이해한다. 그리고 그에 대한 감정을 표출시 킴으로써 이해한 내용을 소화한다. 남성이 여성의 주의를 끌 고 여성으로 하여금 남성의 말을 계속 들을 수 있도록 하기 위해 필요한 것이 바로 이것이다. 대부분의 남성들은 대개의 여성 가망고객이 설명을 들으면서 얼굴 표정으로 감정을 표 출하는 것을 보고 어색함을 느낀다.

　그러나 여기에 능숙해진 남성은 상당히 유리하다. 여성의 표정을 따라하는 남성들은 곧잘 "그 여성은 나를 이상하다고 생각할 거야!"라고 말한다. 그러나 연구결과에 의하면, 남성 이 여성의 표정을 따라하면, 여성은 그 남성이 더 지적이고 흥미로우며 매력적이라고 생각한다.

　이에 반해 대부분의 남성은 혹시나 있을지도 모르는 공격에 대비하기 위해 사람들 앞에서 감정을 억제해야 한다는 생각을 원래부터 가지고 있다. 그래서 상대방의 이야기를 들을 때 조차 조각상 같은 모습을 보인다.

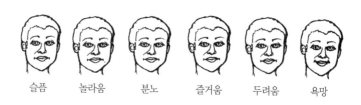

| 슬픔 | 놀라움 | 분노 | 즐거움 | 두려움 | 욕망 |

: 이야기를 들으면서 남성이 10초 동안 나타낸 표정 :

위 그림에서 보듯, 이야기를 듣고 있는 동안 남성의 얼굴 표정은 한결같다. 상대방의 이야기를 들으면서 무표정한 가면을 쓴 남성은 자신이 상황을 지배하고 있다고 생각한다. 하지만 그렇다고 아무런 감정이 없는 것은 아니다. 뇌 스캔 사진을 보면 남성도 여성과 동일한 감정을 경험한다. 다른 사람에게 드러내지 않을 뿐이다.

이러한 남성의 행동을 따라하는데 있어 핵심은 남성들은 자신의 태도를 표정이 아닌 몸짓으로 나타낸다는 점이다. 여성들 대부분이 표정 없는 남성을 따라하는데 어려움을 느끼지만 결국에는 성공한다. 당신이 여성이라면, 일단 표정을 절제

함으로써 너무 흥분해 있거나 또는 겁을 먹은 것처럼 보이지 않아야 한다. 가장 중요한 것은 남성의 현재 감정을 추측해서 얼굴 표정으로 나타내면 안 된다는 점이다. 잘못 추측했을 때 그 결과는 막대한 피해를 가져올 수 있다.

남성은 그런 당신을 '어리석거나' '산만한' 사람이라고 생각할지 모른다. 남성들은 이야기를 들을 때 심각한 표정을 짓는 여성에 대해 더 지적이고 야무지며 감각 있는 사람이라고 생각한다.

기술6
보조 맞추기

말의 억양과 어조, 말의 빠르기를 따라하는 과정에서도 친밀 감을 형성할 수 있다. 이 방법을 '보조 맞추기'라고 하는데, 이런 방법으로 대화하는 것을 보면 마치 두 사람이 같은 곡조로 노래를 부르는 것처럼 보이곤 한다. 한 사람은 양손으로 박자를 맞추고, 또 한 사람은 고개를 끄덕이며 리듬을 맞추는 모습을 연출하는 것이다.

시간이 지나 관계가 무르익어 서로 상대방의 입장을 이해하기 시작하면서 '따라하기'의 주요 몸짓언어는 점차 감소한다. 이때부터 상대방과 보조를 맞추는 것이 상호 공감대를 유지하는 주요 매개체가 된다.

절대로 상대방보다 빠른 속도로 말해서는 안 된다. 누군가가 자기보다 더 빨리 말하면 '압박감'을 느낀다는 연구결과가 있다. 사람이 말하는 속도는 뇌가 정보를 의식적으로 분석하는 속도와 같다.

그러므로 상대방과 같거나 조금 더 느린 속도로 말하면서 상대방의 어조와 억양을 따라해 보자. 특히 전화로 약속을 잡을 때에는 목소리가 유일한 매개체이므로 '보조 맞추기'가 절대적으로 중요하다. 연습을 할 필요가 있다.

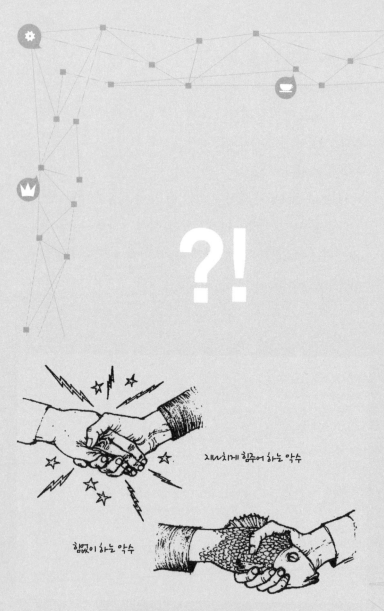

지나치게 힘주어 하는 악수

힘없이 하는 악수

: 첫인상을 악화시키는 두 가지 방법 :

제**4**장

긍정적인
인상 주기

첫인상에서
당신이 통제할 수 있는 것

"첫인상을 심어줄 수 있는 기회는 두 번 오지 않는다." 아마도 당신의 할머니가 이렇게 말하는 걸 들어보았을 것이다. 할머니는 다른 사람들이 당신에 대한 생각의 90퍼센트를 4분 이내에 결정한다는 사실을 복잡한 컴퓨터 기기 없이도 잘 알고 있었다.

당신의 첫인상은 당신의 나이와 수입, 학력, 권위, 사교성, 신뢰성 등을 포함해 적어도 25가지에 대한 판단을 결정한다. 심지어 당신이 이자를 제시하기도 전에 당신에게 얼마나 돈을 빌려줄 수 있을까도 결정한다.

다행히 이 중 4가지 부분은 당신이 통제할 수 있다. 악수와 미소, 옷차림, 개인 간의 거리가 그것이다.

기술1
손바닥의 힘

가장 강력하지만 가장 감지하기 힘든 몸짓언어가 바로 손바닥을 이용한 신호다. 올바르게 사용하면, 손바닥의 힘으로 어느 정도의 권위와 침묵에 대한 통제권을 얻을 수 있다.

세 가지 주요 손바닥 동작이 있다. 손바닥을 위로 하기, 손바닥을 아래로 하기, 주먹을 쥔 상태에서 한 손가락으로 가리키기.

손바닥의 위치에 따른 차이점을 예를 들어 설명하겠다. 방에 있는 어떤 사람에게 다른 곳으로 이동하라고 요구한다고 하자. 목소리 톤과 사용하는 단어와 표정은 일정하게 유지하고 손바닥의 위치만 바꾼다.

손바닥을 위로 하는 것(그림 A)은 위협적이지 않은 동작으로, 상대방이 위압감을 느끼지 않는다. 이런 동작은 어떤 무기도 없다는 표현으로 원시시대부터 사용해온 몸짓언어다.

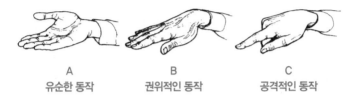

A	B	C
유순한 동작	권위적인 동작	공격적인 동작

손바닥을 아래로 향하면(그림 B), 즉각적으로 복종하라는 신호를 보내는 것이다. 그러므로 요구를 받은 사람은 명령을 받았다고 생각하고 당신에게 반감을 느낄 수 있다. 특히 상대방이 당신의 권위가 정당하지 않다고 생각할 때 더 그렇다.

프레젠테이션을 진행하며 계속해서 손바닥을 아래로 향하는 동작을 보이면, 당신은 청중의 거절을 경험할 가능성이 높다.

손가락으로 가리키는 동작(그림 C)은 말하는 사람이 상대방에게 복종하라는 신호를 상징적으로 나타내는 것이다. 손가락으로 가리키는 동작은 말하는 사람이 사용할 수 있는 가장 자극적인 동작이다. 특히 화자가 모든 대화를 주도할 때 더욱 그렇다.

손바닥을 아래로 향하는 동작과 손가락으로 가리키는 동작에 대한 연구결과에 따르면, 청중은 이 두 가지 자세를 사용하는 화자에 대해 더 공격적이고, 강제적이고, 거만하다고 판단할 뿐 아니라 화자가 이야기한 내용을 잘 기억하지도 못한다. 화자의 설명 내용을 듣지 않고 화자의 태도만 평가하고 있었기 때문이다.

당신이 습관적으로 손가락으로 가리키는 동작을 하는 사람이라면, 손바닥을 올리고 내리는 자세를 연습해 보라. 이러한 자세를 번갈아 사용하면, 분위기를 편하게 만들어 청중에게 좀 더 긍정적인 영향을 줄 수 있다.

기술 2
악수하기

악수는 원시시대의 유물이다. 원시인들은 만날 때마다 팔을 벌려 손바닥을 위로 향하는 동작을 취해 어떤 무기도 없음을 보여주었다. 손바닥을 보여주는 몸짓은 수세기에 걸쳐 변화되어 한쪽 손바닥만 들어올리는 몸짓이나 가슴 위에 손바닥을 얹는 몸짓, 그외 여러 다양한 몸짓으로 발전했다. 고대의 인사 의식은 현대에 와서 손바닥을 서로 맞잡고 흔드는 형태로 변했는데, 대부분의 비아시아 국가 사람들은 만날 때와 헤어질 때 모두 이런 식으로 인사를 한다. 이때 두 사람은 잡은 손을 보통 세 번에서 일곱 번 정도 흔든다.

손바닥을 위로 하거나 아래로 하는 동작의 영향력에 대해 이미 언급한 내용을 염두에 두고, 악수를 할 때 이 두 가지 동작이 어떤 연관성을 갖는지 살펴보자.

처음 만난 사람과 악수를 했을 때, 보통 다음의 세 가지 중 한 가지 느낌을 받게 된다.

1. 지배적인 태도: 이 사람은 나를 지배하려고 한다. 조심하는 게 좋겠다.
2. 순종적인 태도: 난 이 사람을 지배할 수 있어. 이 사람은 내가 원하는 대로 할 거야.
3. 평등한 태도: 이 사람이 마음에 드는걸. 잘 어울릴 수 있을 거야.

이러한 태도는 무의식적으로 전달된다.

지배적인 태도는 손을(검은 소매) 돌려 손바닥을 아래로 향하게 하는 악수를 통해 전달된다(그림 A). 손바닥을 반드시 바닥으로 향하게 할 필요는 없지만, 상대방의 손바닥에 비해 아래쪽을 향하면 당신이 주도권을 잡고 싶다는 표시가 된다.

54명의 성공한 고위 관리직 사람들에 대한 연구자료를 보면, 그들 중 42명이 먼저 악수를 청할 뿐 아니라 지배적인 악수 자세를 취하는 것을 알 수 있다. 이러한 악수 형태는 공감대를 형성하는 데 불리하다. 대부분의 사람들에게 위압감을 주기 때문이다. 주로 남자들이 이런 형태의 악수를 한다.

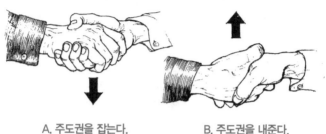

A. 주도권을 잡는다.　　　　　B. 주도권을 내준다.

　개가 등을 대고 구르는 동작으로 복종의 의사를 표시하고, 목구멍을 드러내 공격성을 표출하듯이, 사람들도 손바닥을 위로 향하는 동작으로 다른 사람에게 복종 의사를 표시한다.(그림 B) 이것은 상대에게 주도권을 넘겨주고 싶거나, 상대가 자신이 주도권을 쥐고 있다고 생각하는 것을 용인하고자 할 때 특히 효과적이다. 이 자세는 또한 당신이 위압감을 느낀다는 신호가 되기도 한다.

악수를 통해
공감대 형성하기

악수를 통해 공감대를 형성하는 데는 두 가지 법칙이 있다.

첫째, 손바닥을 곧게 세워 잡아라. 그렇게 함으로써 지배적이

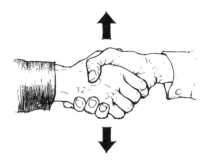

: 손바닥을 세워 악수하면 편안함을 느끼게 된다 :

지도 순종적이지도 않은 평등한 입장을 나타내라. 이 자세는 위압적이지 않기 때문에 모든 사람들이 편안함을 느낀다.

둘째, 당신이 느끼는 힘과 동일한 힘으로 상대의 손을 잡아라. 당신이 열 명에게 소개 인사를 한다고 할 때, 악수를 하면서 아마도 대여섯 번은 손의 힘에 변화를 주고 손의 방향을 조정해야 할 것이다.

이렇게 악수를 한다면 승리자도 실패자도 없으며, 위압감을 느끼는 사람도 없을 것이다. 그리고 새로운 생각을 받아들이기도 쉬워지고, 서로를 판단하는 일도 적어진다.

피해야 할
악수 형태

새로운 사람을 만나 인사할 때, 두 손을 잡고 악수하는 것은 좋지 않다. 두 손을 잡고 악수하는 의도가 반가움과 다정함, 신뢰감을 전달하기 위한 것일지라도, 상대방은 정반대의 느낌을 받을 수 있기 때문이다.

두 손으로 악수하는 당신을 상대방은 불성실하고 신뢰성이 떨어지는 사람, 혹은 다른 의도가 있는 사람으로 오해하기 쉽다. 그러므로 항상 한 손으로 악수하는 자세를 고수하는 것이 불필요한 오해를 없앨 수 있다.

: 새로운 사람과 만났을 때는 두 손을 이용해 악수하는 것을 피하라 :

기술 3
왼손으로 물건 잡기

이 전략은 사람들이 처음에 들었을 때는 쉽게 이해하면서도 정작 일상에서는 크게 주의를 기울여 실천하지 않는 것 중 하나다.

서류 파일이나 보고서, 가방, 지갑, 음료수 등을 왼손으로 잡는 연습을 해보라. 우리는 보통 인사할 때 오른손으로 악수하며, 문을 열거나 의자를 옮기거나 헤어지며 손을 흔들 때도 오른손을 사용한다. 예를 들어, 어떤 사람과 처음 인사를 나누게 되었는데, 오른손에 차가운 음료수 잔을 쥐고 있는 상황을 생각해 보라. 그때 당신은 음료수 잔을 왼손으로 바꿔 들어야 한다. 당신이 상대의 신발 위에 음료수를 쏟지 않고 성공적으로 손을 바꿔 들었다 해도 그 사람은 당신의 축축하고 차가운 손과 악수해야 한다. 차갑고 축축한 그 손이 바로 당신의 첫인상이 된다.

서류 파일을 오른손에 들고 있다면 문을 열거나 의자를 옮기거나 악수를 청한 손을 잡기 위해 또 손을 바꿔야 한다. 그러다 서류를 떨어뜨리면 당신은 어설픈 바보처럼 보일 수 있다. 그러므로 평소 왼손을 사용하는 연습을 할 필요가 있다.

기술 4
미소의 힘

인간은 입술을 양옆으로 늘여 이를 드러내면서도 상대방을 공격하지 않는 유일한 동물이다. 미소는 원래 유화적인 몸짓으로, 원숭이나 침팬지도 공격하지 않겠다는 의도를 나타내기 위해 미소 짓는다.

미소에 대한 연구결과에 따르면, 당신이 더 자주 웃을수록 옆에 있는 사람들이 더 가까이 다가오고, 더 많은 눈길을 주며, 당신과 더 자주 접촉하며, 더 오랫동안 같이 있고 싶어 한다.

다시 말해, 미소는 당신의 사업과 인생의 매우 훌륭한 도구

: 미소는 타협을 뜻하는 고대의 신호였다. :

가 될 수 있다. 사람들에게 당신이 위험한 존재가 아님을 보여주기 때문이다.

기술 5
개인 영역 존중하기

우리는 모두 개인 영역이라는 둥그런 공간을 만들어두고 살아간다. 그 공간의 넓이는 인구밀도와 그 개인이 속한 문화에 따라 달라진다. 예를 들어, 중산층의 영어권 도시에서 자란 사람들은 약 46센티미터의 개인 영역을 필요로 한다. 그래서 위험성이 없는 곳이나 사교적인 장소에서 사람들은 보통 서로 1미터 정도의 거리를 유지한다.

반면 유럽과 지중해, 남미의 여러 지역 사람들의 개인 영역은 최소 30센티미터까지 가까워질 수 있다. 대부분의 문화권 사람들에게는 너무 가깝게 느껴져서 '밀어붙이는' 듯한 느낌

1 미터

: 그림 A. 대부분의 문화권에서의 사람들 거리 :

: 그림 B. 지중해 지역에서의 사람들 거리 :

을 줄 수 있는 거리다.

그림 B의 두 사람이 지중해 지역 출신이라면, 서로 편안함을 느낄 것이다. 그러나 한 사람은 런던에서 왔고 다른 사람은 로마에서 왔다면, 런던 사람은 상대가 가까이 다가오는 것을 위협적이고 공격적이라고 느낄 수 있다.

만약 당신이 누군가와 가까이 서 있는데 당신이 앞으로 움직일 때마다 상대방이 한 발 뒤로 간다면, 그 거리를 유지하며 앞으로 나가지 않도록 주의해야 한다. 상대방이 그 정도의 거리가 편하다고 몸짓으로 말하고 있기 때문이다.

접촉의
문제

다수의 문화권에서 사람들 사이의 접촉이 매우 빈번하게 일어난다. 이때 서로 다른 문화권의 사람과 효과적으로 소통하기 위한 전략은 다음과 같다.

당신이 받은 접촉의 횟수만큼 그대로 따라하면 된다. 만약 상대방이 당신에게 어떤 접촉도 하지 않는다면, 당신도 그에게 접촉하지 말아야 한다. 그러나 만약 상대방이 계속해서 당신과 접촉한다면 당신도 비슷한 빈도로 접촉하는 것이 좋다. 그렇지 않으면 당신이 그들을 좋아하지 않는다고 생각할지 모르기 때문이다.

기술 6
성공을 위한 옷차림

복장은 당신의 몸을 90퍼센트까지 가릴 수 있으며, 당신의 진실성과 신뢰성, 전문성, 권력, 사회적 성공 정도, 경제적 위치 등에 대한 사람들의 판단에 강력한 영향력을 발휘한다.

여기에서 옷차림에 대한 세부 사항을 분석하지는 않겠지만, 적합한 옷차림에 대한 하나의 공식을 제공하려 한다. 여성은 남성보다 옷차림에서 실수할 가능성이 더 많다. 여성의 옷이 스타일과 색상, 디자인에서 선택의 폭이 더 넓기 때문이다.

한편 남성들은 의상 선택의 폭이 좁아(그래서 가지고 있는 옷 자체도 적다.) 옷의 패턴과 디자인을 적절하게 조화시키는 감각이 여성에 비해 떨어지는 편이다. 게다가 남성 여덟 명 중 한 명은 적색 또는 녹색이나 파란색 색맹이다.

> 독신 남성과 서커스 광대의 차이점은 무엇일까?
> 광대는 언제 우스꽝스런 옷을 입어야 할지 안다는 점이다.

일에서 성공을 이루기 위한 옷차림의 비결은 다음 질문에 대한 대답에 있다.

고객이 기대하는 당신의 옷차림은 어떤 것인가? 믿을 수 있

고, 호감 가고, 힘이 있고, 지적이고, 성공적이면서도 편안한 사람으로 보이기 위해 고객의 기대에 부응하는 옷차림은 어떤 것일까? 어떤 재킷과 셔츠, 블라우스, 넥타이, 치마, 신발, 시계, 화장, 헤어스타일을 선택해야 할까? 당신의 의견이 아니라 고객의 의견에 따라야 한다.

기억하라. 당신 고객의 의견이 중요하다. 그러므로 고객을 위한 옷차림을 할 필요가 있다. 물론 적합한 옷차림이라는 것은 지역마다 다르고 날씨라는 변화 요인도 염두에 두어야 한다. 그러나 지역마다 성공적인 사람들의 옷 입는 기준이라는 것이 있게 마련이다.

이렇게 물은 사람도 있다.

"하지만 리차드 브랜슨이나 빌 게이츠는? 그 사람들은 바람 부는 터널에서 방금 나온 것 같은 옷차림을 하고 있다고요."

그 사람들은 예외다. 표준이 아닌 것이다. 만약 우리가 리차드 브랜슨이나 빌 게이츠처럼 옷을 입는다면, 사람들은 우리를 믿고 따르기 어렵다고 판단할 것이다.

가장 성공적인 세계 지도자들을 열거해 살펴보면, 그들이 따르는 옷차림의 기준이 있음을 발견하게 된다. 그 기준이 당신이 따를 수 있는 가장 안전한 표준이다. 자신의 취향만 생각하거나 편안함만 추구하는 옷차림을 함으로써 옷차림이 자신의 결점이 되게 하지 말라. 고객의 기대에 맞는 옷을 입어라.

> 고객과 비슷한 스타일의 옷을 입으면 고객은 편안함을 느낄지 모른다. 그러나 그렇다고 해서 그가 반드시 당신의 뜻에 따르고 싶어하지는 않을 것이다.

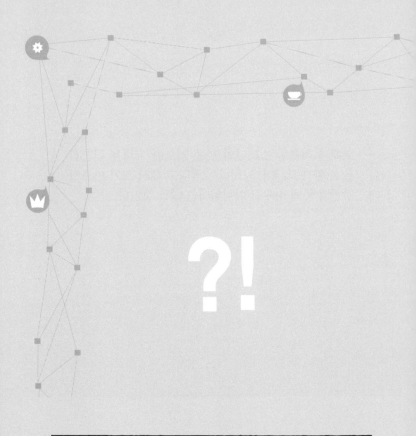

?!

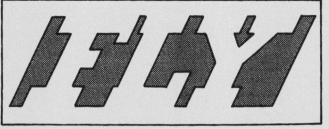

많은 사람들이 명백한 것을 보지 못한다.
당신은 보이는가?

제5장

몸짓언어
이해하기

언어보다 3배 더 중요한
몸짓언어

이제 우리는 거의 모든 사람들이 상대방의 동작을 통해 그의
감정을 읽을 수 있다는 사실을 알게 되었다. 내가 1976년《보
디 랭귀지Bodylanguage》를 썼을 때만 해도 그 책이 33개 언어로
출간되어 400만 부 이상 팔려 나가리라고는 생각지도 못했다.

최초의 몸짓언어 연구와 그 뒤를 이은 수많은 연구자료를
통해, 고객과의 대면 프레젠테이션에서 당신이 고객에게 끼
치는 영향력은 다음과 같은 구성요소로 결정된다는 사실을
알았다.

- 언어 **총 영향력의 7~10퍼센트**

- 목소리 **총 영향력의 20~30퍼센트**

- 몸짓언어 **총 영향력의 60~80퍼센트**

위 수치에서 알 수 있듯, 당신의 외모와 몸짓, 미소, 옷차림, 동작이 당신에 대한 다른 사람의 생각에 가장 큰 영향력을 갖는다. 당신의 말하는 방식은 당신이 사용하는 언어보다 3배 더 중요하다.

청중의 마음을 읽는
3가지 법칙

_ 법칙 1: 몸짓 다발을 읽어라

모든 언어와 마찬가지로 몸짓언어도 단어와 문장, 절, 마침표로 이루어져 있다. 또 각각의 몸짓은 개개의 단어와 마찬가지로 여러 의미를 가질 수 있다. 한 단어의 의미를 명확하게 이해하기 위해서는 다른 단어들과 어울려 어떤 문장을 이루고 있는지를 봐야 한다. 문장 형태의 몸짓을 '다발'이라고 한다.

그러므로 절대 하나의 몸짓만을 단독으로 해석해서는 안 된다. 예를 들어, 머리를 긁는 동작은 동시에 일어나는 다른 몸짓에 따라 비듬이나 땀, 불확실성, 건망증, 거짓말 등 여러 의미를 나타낼 수 있다. 상대방의 몸짓언어를 올바르게 읽기 위해서는 최소한 세 개의 몸짓을 다발로 살펴보아야 한다.

절대 하나의 몸짓만을 읽지 마라.
단순히 코가 가려운 동작일 수 있다.

: 비판적인 느낌을 표현하는 몸짓 다발 :

위 그림은 비판적으로 평가하는 몸짓 다발의 전형이다. 팔짱을 낀 상태에서 한 손을 얼굴에 갖다 대어 엄지손가락으로 턱을 받치고 있다. 다리는 꼬고 있으며 미간은 찌푸리고 있다.

먼저 각각의 개별적인 몸짓언어의 뜻을 파악해야 할 것이다. 그러나 개별적인 몸짓이 단독으로 나타나는 경우는 흔하지 않다는 사실 또한 염두에 두어야 한다.

_ 법칙 2: 맥락을 고려하라

: 방어 자세가 아닌 추위에 떠는 몸짓 :

몸짓 다발은 몸짓이 일어나는 전후 상황 속에서 해석해야 한다. 예를 들어, 다음 그림과 같이 어떤 사람이 버스 정거장에서 팔과 다리를 바짝 꼰 채 턱을 아래로 숙이고 있다고 해 보자. 이때 날씨가 추웠다면, 그것은 방어적인 태도를 취하는 것이 아니다. 그냥 춥다는 몸짓이다.

그러나 만일 동일한 몸짓을 아이디어를 파는 자리에서 마주 앉은 고객이 보인다면, 그것은 아마도 상황에 대해 부정적이거나 방어적이라는 의미로 해석하는 것이 옳을 것이다.

_법칙 3: 문화적 차이를 인정하라

어떤 몸짓은 나라에 따라 전혀 다른 의미를 지닐 수 있다. 예를 들어, 다음 페이지 그림과 같이 손가락으로 동그라미를 그리는 몸짓은 서양 국가에서는 대부분 'OK'나 '좋다'라는 뜻이다. 미디어의 발달로 이제는 이 몸짓언어의 뜻을 세계 모든 사람들이 알고 있다. 그러나 어떤 지역에서는 이 몸짓이 전혀 다른 기원과 의미를 지닌다.

예를 들어, 프랑스에서는 'zero' 또는 'nothing'을 뜻한다.

미국인에게는 'good', 프랑스인에게는 'zero(0)',
그리스인에겐 모욕을 뜻하는 몸짓

일본에서는 '돈'을 뜻하고, 일부 지중해 국가들에서는 성적
모욕을 의미한다.

물론 가장 기초적인 몸짓언어는 전 세계적으로 동일하다.
사람들은 행복할 때 미소를 짓고, 슬프거나 화가 나면 눈살을
찌푸리거나 울상을 짓는다. 고개를 끄덕이는 몸짓은 전 세계
적으로 거의 대부분 '예스' 또는 확신의 의미를 지닌다. 이미
언급했듯, 이 동작은 머리를 숙이는 동작과 동일하다.

웃음은 아마도 태어날 때부터 인간에게 내재되었다고 생각
된다. 실제로 웃는 얼굴을 보지 못한 시각장애인들도 웃을 수
있기 때문이다.

여자들이 남자들보다
몸짓언어를 더 잘 이해하는 이유

내 책 《말을 듣지 않는 남자, 지도를 읽지 못하는 여자》에서 언급했듯이, 남자의 뇌는 고도로 예리하지 않아서 미묘하고 비언어적이며 음성적인 암호들을 감지하지 못한다. 그래서 여자들은 남자들을 두고 '부주의하다'거나 다른 사람의 요구나 감정에 '무심하다'고 말한다.

예컨대 어느 사교 모임에서 여자들은 남자들에게 이렇게 말한다. "내가 당신한테 보내는 눈길 못 봤어요? 분명히 여기서 나가고 싶다고 당신한테 알렸다고요!"

대부분의 여성들은 같은 상황에서 분명 상대의 의중을 알아

차렸을 것이다. 그러나 대부분의 남성들은 그렇지 못하다.

> 남자들이 무감각한 것이 아니다. 그들의 뇌가 미묘한
> 몸짓언어 신호를 읽도록 프로그램되어 있지 않을 뿐
> 이다.

누군가 감정이 상하거나 그룹의 의견에 동의하지 않는 것을
'알고' 있다고 여자가 말한다면, 실제로 그녀는 마음의 상처
나 불만을 '보고 있는' 것이다. 여자는 그 사람의 몸짓언어가
그룹의 의견과 일치하지 않으며 불만을 표시하고 있다는 것
을 '보고' 알 수 있다.

여자들이 불만이나 분노, 속임수, 상처 등을 도대체 어떻게
'볼 수' 있는지 대부분의 남자들에게 그것은 항상 놀라움의
대상이다. 거의 모든 남자들의 뇌는 여성의 뇌처럼 미세한 몸
짓언어를 읽도록 만들어지지 않았기 때문이다. 그러므로 여
성과 얼굴을 맞대고 앉은 자리에서 거짓말을 시도하는 건 현
명하지 않다. 전화 통화가 더 안전하다.

몸짓언어를
이해하기 위해

하루에 15분만 투자해서 다른 사람들의 몸짓언어를 관찰하며 읽어보라. 그리고 당신의 몸짓언어를 자각하여 연구해 보라.

몸짓언어를 읽기에 좋은 환경은 어디든 사람들이 만나고 서로 관계하는 곳이다. 공항은 특히 인간 몸짓의 전체적인 측면을 관찰할 수 있는 좋은 장소다. 공항에서 사람들은 간절함과 분노, 슬픔, 행복, 불안과 다른 많은 감정을 몸짓언어를 통해 공개적으로 표현하기 때문이다.

사교 모임이나 업무회의, 파티 역시 몸짓언어를 공부하기에 좋은 기회를 제공한다. 텔레비전 또한 우수한 배움터다. 소리를 줄이고 화면만 바라보며 일어나고 있는 상황을 예측해 보라. 몇 분 간격으로 소리를 줄여가며 텔레비전을 시청해 보면 당신이 얼마나 정확하게 비언어적 표현을 판독했는지 확인할 수 있다. 그리고 얼마 지나지 않아 아무 소리도 듣지 않고 진행 상황을 파악할 수 있을 것이다. 바로 청각장애인들이 하는 것처럼 말이다.

프레젠테이션하는 당신의 모습을 비디오카메라로 녹화한 다음, 소리를 끈 채 친구들과 동료들에게 보여주며 당신의 몸짓을 평가해 달라고 하는 것도 큰 도움이 될 것이다.

2가지 중요한 몸짓언어
알아보기

프레젠테이션을 진행하는 동안 가장 흔히 볼 수 있는 몸짓언어 신호에 대해 알아보자.

_1. 팔짱 끼기

몸짓의 형태와 근원

몸 앞쪽으로 팔짱을 끼는 동작은 다른 이들과 분리된 폐쇄적인 태도를 나타낸다. 팔짱은 타고난 몸짓언어로서 사람들의 70퍼센트가 왼팔을 오른팔 위로 교차시킨다. 그 반대 방향으로 팔짱을 끼는 것은 매우 힘들다. 이 몸짓의 목적은 외부 공격으로부터 심장과 폐를 보호하기 위한 것으로 보인다. 원시인들 또한 그러한 이유로 이 몸짓을 사용했다.

: 깨뜨리기 힘든 장벽이 될 수 있다. :

이 몸짓에 대한 조사 결과, 이 자세를 취하고 연설을 듣는 청중은 그렇지 않은 청중들에 비해 들은 내용을 기억하는 정도가 38퍼센트 정도 떨어진다고 한다.

프레젠테이션을 할 때에도 팔짱을 낀 사람들은 그렇지 않은

A   B   C

사람들에 비해 더 짧게 대답하고, 시선을 잘 마주치지 않으며, 뒤로 물러나 앉는 횟수도 많고, 진행자에게 더 비판적이라고 한다.

팔짱 끼는 몸짓은 여러 가지 미묘한 형태로도 나타난다. 한쪽 팔로 몸을 감싸는 자세(그림 A)는 아이가 불안해할 때 손을 잡아주던 부모님의 행동의 흔적이라고 할 수 있다. 자신의 손을 감싸 잡는 자세(그림 B)와 두 손으로 물건을 잡는 자세(그림 C)도 있다. 두 손으로 지갑이나 안경, 서류 폴더를 잡고 있는 자세는 몸 앞쪽에 팔을 두어 안정감을 얻으려는 목적이 있다. 반지나 시계, 소매 깃을 반대쪽 손으로 만지작거리는 동작 또한 같은 목적 때문이다.

아래 그림 D에서 오른편의 남성은 상황을 명확히 알 수 있는 몸짓 다발을 취하고 있다. 팔짱 낀 자세로 다리는 벌리고(남성적 공격성을 나타냄), 한쪽 눈썹을 추켜올리고(불만이 있다는 동작), 입을 굳게 다문 미소를 보인다(억제하는 신호). 그리고 몸은 다른 쪽을 향해 있다(무관심한 동작).

이 남성은 옆의 두 사람이 따라하기를 통해 공감대를 형성하는 동안 자신만 소외되었다고 느끼고 있다.

D

원인과 결과의 문제

예를 들어, 어떤 사람이 부정적이고 방어적이며, 비협조적이고 적대적인 감정이 있다고 하자. 그렇다면 그는 가슴 위로 팔짱을 끼는 몸짓과 같은 비언어적 신호를 보내 자신의 부정적인 감정을 표시할 가능성이 크다. 실제로 사람이 팔짱을 낀 자세로 있으면 들은 내용을 기억하는 정도가 40퍼센트 가까이 줄어든다는 조사 결과를 우리는 이미 접했다.

이에 대해 간단히 실험해 보자. 뒤로 물러나 앉아 가슴에 팔짱을 꼭 껴보라. 느낌이 어떤가? 억제된 느낌인가? 소외되고 비협조적이 되는가? 연구결과에 따르면, 어떤 이유로든 팔짱을 끼면 이 몸짓에 따른 부정적인 영향을 경험한다고 한다.

물론 습관적으로 팔짱을 끼는 사람은 그 자세가 편하다고 주장한다. 협조적인 감정을 느낄 때 팔짱을 끼면 편하기 때문이다.

당신이 팔짱 끼는 몸짓을 부정적인 신호라고 생각하지 않는다고 해도 상대는 당신에게서 부정적이고 접근하기 어려운 사람이라는 인상을 받을 것이다. 추운 방에서 여러 사람들을 설득하기 힘든 이유가 바로 그 때문이다. 프레젠테이션을 위한 이상적인 방의 온도는 섭씨 21도다.

유용한 전략

1. 팔짱 끼는 습관을 버려라

말하면서 팔짱을 끼는 것은 좋은 자세가 아니다. 청중은 당신이 말하는 내용을 잘 기억하지 못하고, 당신의 프레젠테이션에 대해 더 비판적이며, 당신을 별로 좋아하지 않을 것이다. 열린 몸짓언어를 몸에 익혀라.

2. 가능하면 팔 지지대가 있는 의자를 준비하라

이런 의자에 앉으면 사람들은 팔짱을 끼지 않게 되고, 보다 적극적으로 참여한다. 그러나 팔걸이가 옆자리와 너무 가까이 붙어 있는 의자는 피하는 것이 좋다. 이런 의자에 앉으면 옆 사람과 닿지 않으려고 또 팔짱을 끼게 되기 때문이다.

3. 팔짱 긴 자세를 바꿀 기회를 제공하라

청중이 팔짱을 끼고 앉아 있으면, 질문을 한 다음 손을 들어 대답을 하라고 요청하거나, 몸을 움직여 할 수 있는 일을 제시하거나, 펜과 종이를 나누어주고 필기를 하게 하거나, 따뜻한 차를 제공함으로써 팔짱 긴 자세를 바꾸게 할 수 있다.

_2. 얼굴에 손을 대는 동작

몸짓의 형태와 근원

얼굴에 손을 대는 몸짓을 조사한 사람들은 이 동작이 부정적인 감정과 연관이 있다는 데 동의한다. 서구와 유럽 대부분의 지역에서는 거짓말을 할 때 손을 얼굴에 대는 몸짓이 증가한다.

아시아인들의 경우 종교적인 이유로 머리에 손대는 동작을 피하기 때문에 이 경우를 적용하기 어렵다. 대신 아시아인들은 거짓말을 할 때 발동작이 늘어난다.

: 얼굴에 손을 대는 동작의 기원 :

거짓말을 할 때 손으로 입을 가리는 동작은 아이들에게서 흔히 볼 수 있고, 176쪽 그림 A처럼 성인에게도 나타난다. 또 거

A   B   C

짓말을 하면 코가 예민해져서 코를 만지는 행동으로도 나타
난다.(그림 B) 손으로 눈을 가리면 보고 싶지 않거나 믿고 싶지
않은 것을 보지 않아도 되므로 눈을 비비기도 한다.(그림 C)

  귀를 파거나 비비는 동작(그림 D), 뒷목을 긁는 동작(그림 E)
은 듣고 있는 내용이 불확실하거나 믿기지 않는다는 것을 나
타낸다.

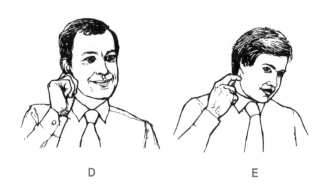

D   E

유용한 전략

1. 맥락을 고려하라

얼굴에 손을 대는 몸짓 다발은 전후 상황과 관련지어 이해해야 한다. 코가 가려워 취한 몸짓을 속임수가 있는 몸짓으로 혼동해서는 안 된다.

2. 얼굴에 손을 대는 습관을 버려라

프레젠테이션 진행 중에는 얼굴에 손을 대는 몸짓을 피하라. 청중의 신뢰를 약화시킬 수 있다. 비디오카메라나 거울 앞에서 얼굴에 손을 대지 않고 말하는 연습을 해보자.

3. 다음과 같이 질문하자

누군가 프레젠테이션 도중에 얼굴에 손을 대는 사람이 있다면, 다음과 같이 질문해 보라.

"질문이 있으신 것 같은데, 그게 뭔지 여쭤봐도 될까요?"

"몸짓언어를 보니 질문이 있으시군요. 그게 뭔지 여쭤봐도 될까요?"

후자의 질문을 할 땐 공격적으로 보일 수도 있으므로 주의해야 한다. 이 질문은 전문 강연자들이 사용하는 방법이다!

긍정적인
몸짓언어

_1. 고개 기울이기

사람들은 듣거나 보는 내용에 흥미를 느낄 때 고개를 한쪽으로 기울인다. 만약 고객이 고개를 기울이고 있다면, 프레젠테이션을 계속하라.

그러나 머리를 곧게 세우거나, 갸우뚱거리거나, 가슴 쪽으로 떨어뜨리면, 고객의 참여를 유도하거나 이야기의 방향을 바꾸는 것이 좋다.

_2. 턱에 손대기

이 몸짓은 당신의 프레젠테이션을 긍정
적으로 평가한다는 의미이다. 이때 손은
그냥 턱을 만지고 있을 뿐이지 머리
를 받치고 있지는 않다. 손가락으로
는 보통 관자놀이를 만지작거린다.
손으로 머리를 받치기 시작하면 흥미
가 떨어진다는 표시다.

_3. 안경대 입에 물기

어떤 사람은 펜이나 연필을 물고 있거나
심지어 자신의 입술을 잘근 씹는다. 이것은
평가를 하거나 어떤 결정을 내리기 위해 고
심할 때 나타나는 몸짓이다. 입 속에 다
른 물건이 있는 동안에는 대답을 하지
않아도 된다고 생각하기 때문이다.

_4. 앞으로 기대기

　사람들은 흥미 있고 매력적인 사람이
나 사물이 있으면 그쪽으로 몸을 기울
인다. 이와 유사한 경주자세, 두 손을
무릎에 놓고 마치 경주를 시작하는 듯
한 —아마도 문을 향해 가려는— 자세
와 혼동해서는 안 된다.

_5. 손가락 끝 마주치기

　독단적인 몸짓으로 냉철하고 자신감 있는 태도를 나타낸다.
하지만 문제는 무엇에 대한 자신감인가 하는 것이다. 당신과 함
께하겠다는 확신? 주제에 대해 잘 알고 있
다는 자신감? 당신의 설명 내용 전부를 이
미 다 알고 있다는 의미? 이 몸짓이 나
타나는 상황의 맥락을 이해해야 올
바른 해답을 얻을 수 있을 것이다.

_6. 엄지손가락 보이기

코트 주머니나 바지 주머니, 옷깃 사이로 양쪽 엄지손가락이 튀어 나올 수 있다. 엄지손가락을 내보이는 몸짓은 우월감을 표시한다. 손가락 끝을 마주치는 몸짓과 유사하게 자신감 있고 냉철한 태도를 나타낸다. 잘난 체하거나 거만하다고 생각될 수 있으므로, 청중 앞에서 이런 태도를 보이는 건 지혜롭지 못하다.

_7. 두 손을 머리 뒤로 잡기

주로 남성들이 자주 하는 몸짓으로서 "난 이 모든 걸 다 알고 있어. 답도 다 알고 있지" 하고 말하는 태도다. 이런 남성에겐 다음과 같은 질문을 해보라. "이에 대해

뭔가 알고 계신 것 같은데, 우리에게 알려주시면 안 될까요?"

이 몸짓을 보이는 상황의 맥락에 따라 결과는 협력이나 논쟁, 둘 중 하나로 이어질 수 있다.

부정적인
몸짓언어

_1. 비판적인 평가

이 몸짓은 청중의 비판적 사고를 드러낼 때 주로 사용된다. 검지가 바로 뺨 위를 가리키며, 엄지는 턱을 받치고, 중지는 입가나 입술 위에 놓인다.

"선생님의 의견을 말씀해주시겠어요?"라는 질문으로 그 사람의 관심을 끌 수 있다.

_2. 보이지 않는 보푸라기 떨어내기

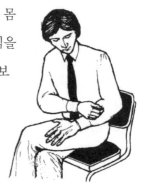

보이지 않는 보푸라기를 떼어내는 몸짓은 듣고 있는 내용에 대한 반발심을 드러낸다. 이 사람은 보이지 않는 보푸라기나 털을 떼면서 다른 곳을 바라본다. 이 사람에겐 "질문이 있으시군요?"라는 질문이 효과적이다.

_3. 목 칼라 잡아당기기

누군가 내심 화가 나고 속상하거나 속임수가 있으면 목이 따끔거려 칼라를 잡아당기고 싶어진다. 이런 사람에겐 "이에 대해 어떻게 생각하십니까?"라는 질문이 적합하다.

_4. 뒷목 만지기

뒷목을 만지는 몸짓은 현재 느낌을 정확히 표현하는 것이다. 즉, 긴장감이나 좌절감이 고조되면 어떤 사람 혹은 어떤 일 때문에 말 그대로 '뒷목 당기는' 증상이 나타나기 때문이다. 그 느낌을 없애기 위해 사람들은 뒷목을 문지르거나 가볍게 두드리는 것이다. 통증의 원인은 목의 미세한 척추 기립근의 움직임 때문이다.

_5. 천천히 눈 깜박이기

이 불쾌한 몸짓은 자신이 우월하고, 더 현명하고, 돈도 더 많고, 더 똑똑하다고 생각하는 사람에게서 볼 수 있다. 그리고 키가 더 커 보이기 위해 발끝을 올리는 동작을 수

반하는 경우가 많다.

　뇌가 눈을 감게 함으로써 보고 싶지 않은 것을 차단하는 것
이다. 이런 사람은 당신을 얕잡아볼지도 모른다.

_6. 의자에 다리 올리기

　여러 가지 의미가 있는 몸짓이다.
첫째, 편안하거나 자신감이 넘친
다는 의미다. 특히 그 의자가 자
신의 것이 아닐 경우 더욱 그렇
다. 둘째, 자기 영역이라는 표현
방식이다. 의자 위에 다리를 올려 소유권을 주장하기 때문이
다. 전반적으로 편안하고 무심한 태도를 반영한다.

_7. 의자 뒤쪽으로 다리 벌려 앉기

　주로 남성의 몸짓으로서 지배적인 위치나 우월감을 나타낸

다. 의자 뒷면은 혹시 있을지 모를 공격에
대한 방어다. 그리고 벌린 다리는 고전
적인 남성 우월주의를 드러낸다. 이런
자세를 취한 사람과는 절대 논쟁
하지 말라. 대신 참여를 요청하거
나 의자를 똑바로 돌려달라고 부
탁하라.

_8. 손바닥을 천천히 비비기

손을 비비는 속도는 그 사람의 감정을 나
타낸다. 손을 빠르게 비비는 몸짓은 모두
가 기다리는 결과에 대해 흥분하고 있
는 사람에게 나타난다. 천천히 손
을 비비는 몸짓은 어떤 개인적 이
득이나 경제적 수입을 기대할 때
나타난다.

전형적인
몸짓 다발

오른편의 여성은 고전적인 비판적 평가의 몸짓 다발을 보인
다. 왼편 남성은 손바닥을 보이며 몸을 앞으로 기울여 여성을

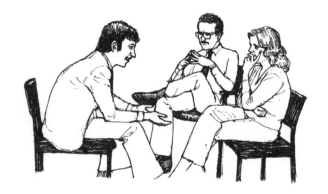

설득하려고 한다. 중앙에 있는 남성은 손가락 끝을 마주치고 공격적인 다리 자세를 하고 있으므로, 자신감과 자기 확신적 태도를 반영한다.

몸짓언어는 조각그림 맞추기와 비슷하다. 우리 대부분은 여러 가지 조각들을 가지고 있지만, 그 조각들을 한데 모아 어떤 그림으로 완성시킨 적은 한 번도 없었다.

몸짓언어의 제1원칙을 항상 기억하라. 절대 몸짓 하나만을 따로 떼어 해석하지 말라. 항상 몸짓 다발을 살펴보라. 또 모든 몸짓 신호의 맥락을 고려하고, 문화의 차이를 염두에 두라.

몸짓언어를 읽을 수 있다는 것은 일상 속에서 상황을 명확하게 볼 수 있다는 의미다. 이제 다음 그림을 보라. 무엇이 보이는가?

이제 성공하는
일만 남았다

최상위 네트워크 사업자들에 대해 '그 사람은 소질이 있어' '타고난 세일즈맨이야'라고 말하는 것을 자주 들었을 것이다. 하지만 '타고난 엔지니어'나 '타고난 약사' '타고난 의사'라는 말은 들어보지 못했을 것이다. 그러한 직업은 과학과 연관되어 있다고 생각하기 때문이다.

과학은 관찰과 실험, 측정에 의한 체계적인 연구로 얻은 기술이나 능력을 말한다. 최상위 네트워크 사업자들은 그 방면에 타고나지도, 소질이 있는 것도 아니다. 최상위 네트워크 사업은 과학이다. 다른 과학들과 마찬가지로 배워서 습득하는 일이다.

이 책은 그 가운데 몇 가지 강력한 방법들을 제시하고, 그 기술을 사용하는 법을 보여준다. 그리고 당신의 진행상황을 측정하고 향상시키는 방법과, 사람들을 대할 때 관찰해야 할 사항들에 대해 알려준다.

네트워크 사업자들이 성공을 향한 여정에서 직면하는 가장 큰 어려움 중 하나는 부정적인 반응에 과도하게 민감해지는 것이다. 이 책에 제시된 기술을 이용하면, 모든 '아니오' 상황이 사실은 당신의 목표를 달성해 가는 긍정적인 단계라는 사실을 알 수 있을 것이다. 평균의 법칙만 잊지 않는다면 이것은 언제까지나 변하지 않는 사실이다.

이 책은 많은 사람들의 이제까지의 가장 큰 장애물을 넘기 위한 비밀을 밝혀놓았다. 이제 모든 것은 당신에게 달렸다.

네트워크 마케팅 사업은 화려한 광고나 선전 없이도 말 그대로 하룻밤 사이에 발전했다. 그리고 앞으로는 기존의 그 어떤 사업보다 큰 비즈니스 시스템으로 발전할 것이다. 그러한 성공은 소개에 기반하는 판매 시스템에 기인하며, 회원들의 열정이 사업 전체의 원동력이 되기 때문이다. 어쩌면 인간이 창조한 가장 역동적인 기회라고도 할 수 있다.

이 책은 네트워크 시스템의 보물상자를 열고 성공을 향해 초고속으로 달려갈 수 있는 열쇠를 제공한다. 여기 담긴 모든 내용은 실험과 검증을 거쳐 증명된 것으로써 즉각적인 결과를 창출할 수 있다. 당신이 원하는 수준을 달성하는 데 더 이상 어떤 변명도 필요치 않다. 목표를 정하고 나아가라!

앨런 피즈